피택항존직 교육교재

충성된 일꾼들

대한예수교장로회총회교육자원부 편

한국장로교출판사

총회 교육자원부가 항존직분자 교육을 위하여 「충성된 일꾼들」이라는 교재를 개정하여 출간하게 된 것을 기쁘게 생각하며 하나님께 감사드린다.

항존직으로 피택된 장로는 6개월 이상, 권사와 집사는 3개월 이상 당회의 지도로 교육을 받은 후 임직하도록 되어 있다. 2000년에 처음 개발된 「충성된 일꾼들」을 통해 한국교회의 많은 일꾼들이 배출되었다. 이 점을 감안하여 금번에 본 교재를 개정하여 다시 내놓게 된 것이다.

본 교재는 여섯 단원으로 구성되어 있으며 항존직분자로서 꼭 알아야 할 기본적인 요점을 총망라하고 있다. 매 과마다 말씀 보기, 강의 듣기, 말씀 청종으로 구성되어 있으며, 성경을 중심으로 공부하고 학습함으로써 지도자와 학습자가 상호 역동적인 관계 속에서 흥미 있고 효과적인 수업을 통해 능률을 높이도록 교재를 만들었다. 또한 본 교재를 공부함으로써 하나님 앞에서 교회를 위하여 믿음과 겸손과 온유와 사랑으로 봉사하며, 말씀과 성령이 충만한 가운데서 화평을 창조하며 충성된 일꾼이 될 수 있기를 바란다.

머리말

본 교재를 활용하시는 목회자 여러분들과 지도자 및 항존직분자 여러분들에게 큰 도움이 될 수 있기를 바라며 우리 교단 교회의 항존직 교육 교재인 「충성된 일꾼들」을 통하여 바람직한 직분자들이 많이 세워져 한국교회가 성장하고 세상 속에서 빛과 소금의 사명을 잘 감당할 수 있기를 바란다.

바쁘신 가운데서도 좋은 글을 써 주신 집필자들께 깊은 감사를 드리며 편집을 위해 수고한 총회교육자원부의 김지연 목사와 우진하 목사, 한국장로교출판사 채형욱 사장과 직원 여러분께도 깊은 감사를 드린다.

2015년 8월 일
대한예수교장로회총회교육자원부
총무 김 치 성

목차

총회 산하 많은 교회에서 교회의 충성된 일꾼들을 세우고 있다. 그 충성된 일꾼들 중 항존직을 감당하는 분들은 교회의 지도자들이다. 교회의 지도자들은 교회의 분위기를 만들어 가며, 교회의 성장에 중요한 역할을 한다. 그래서 항존직 일꾼들을 선출하는 데 많은 교회가 고심을 하고 있다. 이 교재의 구성은 6단원 22과로 되어 있으며 학습자에게 꼭 필요한 항목들로 서술되어 있다.

1. 교재의 구성

본 교재는 6단원으로 구성되어 있고, 각 단원의 처음 부분에서는 단원별로 학습할 요소들을 직 · 간접적으로 서술한다. 또한 한 단원은 2~5과로 구성되어 있으며, 이를 토대로 단원의 학습이 진행된다.

각 과에는 찬송이 두 곡씩 주어지는데, 이 찬송은 학습내용과 연관되어 있다. 따라서 시작 전에 한 곡을 부르고 마무리하면서 다시 한 곡을 부른다. 찬송이 끝나면 오늘의 말씀이 주어지는데 오늘의 말씀은 학습자 한 사람에게 읽게 하거나 인도자와 학습자가 교독한다. 오늘의 기도는 목사의 지도하에 객관적인 기도문을 작성하여 3분 이내의 대표기도를 훈련하고, 주어진 말씀을 성령의 감동으로 이해할 수 있도록 기도한다. 그 후 학습목표를 함께 읽고, 주어진 3단계의 학습, 즉 말씀 보기, 강의 듣기, 말씀 청종을 진행한다.

2. 교재의 진행

1) 말씀 보기

오늘의 말씀을 읽고 객관적인 의미를 관찰하는 단계이다. 이후 주어진 세 문제를 읽고 학습자 자신의 말로 발표해 보게 한다. 또한 매 문제마다 참조구절이 주어지기 때문에 주어진 성경구절만 읽어도 정답이 될 수 있다.

2) 강의 듣기

이 부분은 담당목사의 강의를 반드시 청강할 필요가 있는데, 이는 주어진 강의내용은 각 교회의 상황과 문화적 여건에 따라 목사가 취사선택하여 다시 편집해서 강의할 수 있기 때문이다. 본 교재의 초점은 교회의 충성된 일꾼을 양성하는 데 있음을 기억하며 강의를 구성해야 한다.

3) 말씀 청종

이 부분의 초점은 문제풀이를 통한 어떤 지식의 습득에 있지 않다. 그리스도인은 앎의 지식으로만 신앙생활을 할 수 없다. 하나님 나라의 백성다운 행동이 삶의 현장에서 나타나는 것이 중요하다. 더구나 기독교적인 앎은 삶의 실천을 통해 마음에 와 닿는 부분이 많기 때문이다. 따라서 이 부분에서는 학습한 내용을 확인하고 실천으로 나아가도록 도전한다.

주어진 3단계의 과정으로 학습을 진행하고 찬송으로 마무리한다. 이러한 전체 과정에 약 60분 정도가 소요되며, 간단한 다과와 음료를 나누면서 친교하는 시간을 갖는 것도 좋다.

3. 해답지에 대한 안내

본 교재는 소그룹으로 나누어 공부할 수 있는 교재이다. 지도자와 학습자가 함께 「충성된 일꾼들」 한 권으로 학습할 수 있도록 하였고, 각 문항에 대한 해답만을 따로 편집해 맨 뒤에 해답지로 별첨하였다.

01
성서론

사람이나 동물은 행동할 때 일정한 목표를 향하여 움직인다. 운동선수는 연습할 때 기록 갱신과 승리를 목적으로 인내하며, 예술가는 훌륭한 작품을 만들기 위해 땀 흘리며 작업을 한다. 또한 이렇게 목적이 있는 사람은 목표를 세우고 구체적으로 행동하는데 이는 그가 그 행동 목표를 통해 목적을 달성하려 하기 때문이다.

우리의 신앙생활과 직분자의 모든 활동도 일정한 목적이 있으며, 그 목적을 이루기 위하여 목표를 설정한다. 목적과 목표가 설정되면 구체적인 활동계획을 작성한다. 현재 우리는 항존직 교육을 위해 모였다. 이 모임은 교육을 위한 것이고, 더 나아가 건강한 교회와 공동체를 이루기 위해 노력하게 될 것이다. 이 모든 과정의 내용을 담고 우리에게 그 방법을 가르쳐 주고 있는 것이 성경이며, 그렇기에 우리는 맨 처음 과정으로 성경을 개괄적으로 살펴보는 것이다. 성경은 항존직들에게 섬김의 내용과 방법을 가르쳐 줄 것이며, 교회의 목적을 설정하게 할 것이다. 또한 우리 인생의 방향을 지시하며 우리 삶의 양과 질을 향상시켜 줄 것이다.

1과
구 약

오늘의 찬송 : 새 200장(통 235장), 새 202장(통 241장)

오늘의 말씀 : 시편 119 : 103-105

오늘의 기도

학습목표

① 구약성경은 하나님의 말씀으로서 권위가 있음을 알 수 있다.

② 구약성경은 하나님의 권위로서 삶의 진리를 깨닫게 하시는 말씀임을 느낄 수 있다.

③ 구약성경의 말씀대로 살아갈 수 있다.

말씀 보기

1. 주의 말씀의 맛이 내게 어떻게 느껴지는가?(103절)

2. 주의 법도가 나를 어떤 과정과 결과로 이끄는가?(104절)

3. 주의 말씀은 나와 어떤 관계가 있는가?(105절)

강의 듣기

성경은 하나님의 말씀이다. 구약은 예수 그리스도와 사도들이 사용했던 성경이었고, 신약에서 하나님의 말씀으로 인용되고 있다. 신약이 정경으로 확정되기 전, 초대교회는 구약을 성경으로 받아들였다. 그리고 신약이 정경으로 확정된 이후에도 교회는 구약을 성경의 범위에 포함시켰고, 하나님의 말씀으로 받아들였다. 그리하여 지난 이천 년 동안 교회는 구약을 설교의 본문과 교리의 증거본문으로 사용해 왔다. 즉, 교회는 구약을 신약과 동등한 위치에 있는 정경으로 여겨 왔다는 것이다.

구약은 예수 그리스도께서 아버지라고 불렀던 성부 하나님의 활동에 대해서 기록하고 있다. 즉, 하나님께서 왜, 그리고 어떻게 세상을 창조하셨는지와 오랜 역사의 흐름 속에서 어떻게 피조물인 인간과 자연을 다루셨으며, 그들에게 무엇을 요구하시는지를 기록하고 있다. 따라서 구약에도 하나님의 계시의 말씀과 행위가 기록되어 있고, 하나님의 의도가 나타나 있다. 구약은 단순한 율법들의 모음집이 아니라 하나님을 주인공으로 하는 구원의 이야기들과 하나님께서 인간에게 원하시는 예배와 삶의 방법이 기록되어 있다. 역사를 주관하시며 활동하시는 구약의 하나님께서는 오늘도 모든 창조물과 우리 인간의 삶을 주관하고 계신다. 그리고 우리는 구약을 통하여 하나님의 활동방법과 목적을 알 수 있다.

1. 구약의 구조

구약은 창세기부터 말라기까지 총 39권으로 구성되어 있다. 구약의 각 책들을 분류하는 방법은 크게 두 가지가 있는데, 히브리어 구약성경 방식과 희랍어 구약성경 방식이다. 먼저, 히브리어 구약성경은 형성된 순서에 따라 크게 셋으로 나누는데 이는 오경과 예언서와 성문서이다.

오경(5권)은 창세기, 출애굽기, 레위기, 민수기, 신명기를 말하며, 예언서(21권)는 크게 전기 예언서(여호수아, 사사기, 사무엘상, 사무엘하, 열왕기상, 열왕기하)와 후기 예언서로 나눌 수 있는데, 이 후기 예언서는 다시 대예언서(이사야, 예레미야, 에스겔)와 소예언서(호세아, 요엘, 아모스, 오바댜, 요나, 미가,

나훔, 하박국, 스바냐, 학개, 스가랴, 말라기)로 되어 있다. 마지막으로 성문서(13권)는 시편, 욥기, 잠언, 룻기, 아가, 전도서, 예레미야애가, 에스더, 다니엘, 에스라, 느헤미야, 역대상, 역대하가 있다.

그러나 오늘날 우리가 가지고 있는 구약은 희랍어 구약성경 배열방식을 따르고 있다. 이것은 내용과 문학적 양식에 따라 크게 넷으로 나누는데, 오경, 역사서, 시가서, 그리고 예언서이다.

1) **오경(5권)** : 창세기, 출애굽기, 레위기, 민수기, 신명기

2) **역사서(12권)** : 여호수아, 사사기, 룻기, 사무엘상, 사무엘하, 열왕기상, 열왕기하, 역대상, 역대하, 에스라, 느헤미야, 에스더

3) **시가서(5권)** : 욥기, 시편, 잠언, 전도서, 아가

4) **예언서(17권)** : 이사야, 예레미야, 예레미야애가, 에스겔, 다니엘, 호세아, 요엘, 아모스, 오바댜, 요나, 미가, 나훔, 하박국, 스바냐, 학개, 스가랴, 말라기

2. 구약의 원어

구약의 대부분은 고대 이스라엘 사람들이 사용하던 히브리어로 쓰였으나, 다니엘(2 : 4－7 : 28)과 에스라(4 : 7－6 : 18, 7 : 12－26), 그리고 창세기(31 : 47)의 일부는 아람어로 쓰였다. 아람어는 고대 페르시아 제국의 공용어였다. 초대교회의 교인들은 대부분 디아스포라 유대인들과 이방인들이었기 때문에 히브리어와 아람어로 쓰인 구약을 읽기 어려웠다. 그리하여 자신들이 사용하고 있던 언어로 구약을 읽어야 했다. 그래서 그들이 읽던 구약은 희랍어

로 번역된 것이다. 신약에 나오는 구약의 인용부분은 때로 우리가 가지고 있는 구약의 내용과 표현상 약간의 차이가 나는 경우도 있는데, 이것은 신약이 희랍어 구약을 인용하고 있기 때문이다. 오늘날 우리가 가지고 있는 한글성경은 원어에서 번역한 것이다. 따라서 한글성경을 읽을 때 번역상의 차이를 고려해야 한다.

3. 구약과 고대 이스라엘 역사

구약에 계시된 하나님의 말씀은 고대 이스라엘의 역사를 배경으로 하여 선포되고 쓰였다. 따라서 구약의 내용을 파악하기 위해서는 고대 이스라엘의 역사적 흐름을 알아야 한다. 구약시대 고대 이스라엘의 역사를 간략하게 개괄하면 다음과 같다.

- 족장시대(주전 2000-1550년경) : 아브라함, 이삭, 야곱, 요셉 등이 활동하던 시대
- 출애굽시대(주전 13세기 전반) : 모세의 지도로 애굽의 노예생활에서 해방되던 시대
- 가나안 정착시대(주전 13세기 후반) : 여호수아에 의해 가나안을 정복하던 시대
- 사사시대(주전 1200-1020년경) : 기드온, 입다, 삼손 등 사사들이 다스리던 시대
- 사울 왕 시대(주전 1020-1000년경) : 이스라엘 초대 왕 사울이 다스리던 시대
- 통일왕국시대(주전 1000-922년) : 다윗과 솔로몬 시대, 예루살렘 성전이 완공됨.
- 분열왕국시대(주전 922년 솔로몬이 죽은 뒤) : 이스라엘 민족이 남북으로 나뉘어진 시대

– 북이스라엘(주전 922–722년) : 여로보암에 의해서 세워졌으며, 앗시리아에 의해서 멸망

– 남유다(주전 922–587년) : 다윗의 전통을 계승했으며, 바벨론에 의하여 멸망

– 바벨론 포로시대(주전 587–539년경) : 바벨론에서 유다의 지도자들이 포로 생활하던 시대

– 페르시아시대(주전 539–333년) : 페르시아가 지배하던 시대, 주전 515년에 성전 복원됨.

– 희랍시대(주전 333–142년) : 희랍의 지배를 받던 시대

4. 구약의 장로

항존직에 대한 구약의 가르침은 고대 이스라엘의 장로제도에서 찾아볼 수 있다. 고대 이스라엘에서 장로는 수염이 가득 나고, 나이가 지긋하며, 인품과 용기, 그리고 권위가 있어 문제해결의 능력이 있는 지도자였다. 이들은 친족이나 지파, 지역사회, 더 나아가 민족 등 자신들이 속한 공동체에서 지도자로서의 권위를 인정받았고, 그 권위를 행사했다. 장로제도는 고대 이스라엘 사회에서 모세시대 이래 계속 이어졌다.

1) 장로의 자질

모세는 장인 이드로의 권고에 따라 이스라엘 백성들 중 능력과 덕이 있는 사람들을 뽑고, 그들을 백성의 지도자로 임명하였다(출 18 : 13–27, 24 : 1–11). 이들이 갖추었던 자질은 다음과 같다.

(1) 율례와 법도를 배워 해야 할 일이 무엇인지를 아는 자(출 18 : 20)

(2) 하나님을 두려워하는 자(출 18 : 21)

(3) 마음에 거짓이 없이 순수하고 바른 자(출 18 : 21)

(4) 뇌물과 도적질 등 부정직한 소득을 싫어하는 자(출 18 : 21)

(5) 선과 악, 정의와 불의, 공평과 불공평을 구별하여 모든 작은 일을 재판할 수 있는 자(출 18 : 26)

(6) 하나님의 영이 충만한 자(민 11 : 25)

(7) 지혜가 있고 인정받는 자(신 1 : 15)

2) 장로의 역할

구약시대 고대 이스라엘의 장로들은 백성을 대표하여 여러 가지 역할을 담당했는데, 주요 내용은 다음과 같다.

(1) 최고 지도자를 도와 함께 짐을 지는 역할

장로를 세운 목적 중의 하나는 최고 지도자인 모세의 짐이 너무 무거우므로, 모세를 도와 함께 짐을 지게 하기 위함이었다(민 11 : 17). 최고 지도자의 행정적, 사법적인 일을 분담하여 그의 버거운 일을 덜어 주고, 공동체의 문제를 보다 더 신속하고 효과적으로 해결하고자 했던 것이다.

(2) 재판관으로서의 역할

장로는 공동체의 문제를 해결하는 재판관의 역할을 담당했다. 그리하여 공동체의 불평과 부당한 일을 올바르게 처리했다. 이것은 장로가 공정한 재판관으로서 백성들에게 신뢰를 주었으며, 공평한 재판을 위하여 공동체의 법을 잘 알고 있었다는 것을 의미한다. 그러나 장로들이 스스로 해결할 수 없는 문제도 있었다. 그럴 때에는 이들의 우두머리, 즉 모세와 같은 최고 지도자에게 가지고 가서 문제를 해결하여 백성들을 다스렸다(출 18 : 22).

(3) 백성을 돌보는 역할

장로는 이스라엘 백성을 돌보는 역할을 하였다(민 11 : 16-17). 백성들의 여러 가지 문제를 파악하고 해결하여 공동체의 평화와 안녕을 추구했던 것이다. 예를 들면 베냐민 지파의 남자들이 여자가 없어서 결혼하지 못하고 대를

잇지 못하게 되자, 이스라엘의 장로들이 나서서 아내를 얻도록 도와 베냐민 지파가 재건되도록 도와주었다(삿 21 : 1-24).

(4) 공동체의 문제를 최고 지도자에게 전달하는 역할

이스라엘의 장로들은 공동체의 문제를 최고 지도자에게 전달하였다. 예를 들면 사무엘이 늙고 그 뒤를 이을 마땅한 최고 지도자가 없자 이스라엘의 장로들은 사무엘에게 찾아가 왕을 세워 달라고 건의한다. 이때 사무엘은 하나님께 기도하며 해결방법을 찾고자 했다(삼상 8 : 4-6).

(5) 왕을 세우는 역할

장로들은 최고 지도자인 왕을 기름 부어 세우는 일도 하였다. 예를 들면 다윗이 헤브론에 있을 때에 이스라엘의 모든 장로가 그를 찾아와 언약을 맺고, 기름을 부어 이스라엘의 왕으로 삼았다(삼하 5 : 3).

3) 장로의 책임

장로는 백성의 대표요 지도자로서 공동체를 관리하고 치리하는 데 중요한 역할을 하는 만큼 공동체가 패망할 때에는 감당해야 할 책임도 막중하였다. 예를 들면 예루살렘이 멸망하자 장로들은 지도자로서 대우를 받지 못했고, 도리어 천대와 저주를 받아야 했다(애 4 : 16, 5 : 12). 또한 죄악을 징벌하는 하나님의 심판 때에는 제일 먼저 죽음을 맞아야 했다(겔 9 : 6). 그러므로 장로는 공동체가 올바른 길을 걷고 평안을 유지하도록 힘써야 했다.

말씀 청종

1. 구약성경은 왜 우리에게 권위가 있으며 어떤 내용을 가지고 있는가?

2. 구약성경이 항존직에게 어떤 깨달음을 주는지 서로 이야기해 보자.

3. 우리 교회의 장로, 권사, 안수집사 중 그 삶이 진정으로 성경적이라고 생각되는 분을 찾아 칭찬해 보자.

2과
신 약

오늘의 찬송 : 새 199장(통 234장), 새 205장(통 236장)

오늘의 말씀 : 디모데후서 3 : 15－17

오늘의 기도

학습목표

① 신약성경이 하나님의 말씀임을 알 수 있다.

② 신약성경은 하나님의 권위로서 삶에 유익을 주는 말씀임을 느낄 수 있다.

③ 신약성경의 말씀대로 살아갈 수 있다.

말씀 보기

1. 성경은 사람으로 하여금 무엇이 있게 하는가?(15절)

2. 성경은 무엇으로 되어 있어 무엇에 유익한가?(16절)

3. 성경과 이것의 교육과정은 무엇으로 온전하게 하는 것인가?(17절)

강의 듣기

신약성경은 이미 오신 그리스도의 생애와 가르침과 사도들의 예수 그리스도에 대한 증언과 가르침을 수록한 것으로서, 그리스도에 대한 증언이다. 그러므로 신약은 구약의 배경에서 이해되어야 한다. 구약을 떠나 신약을 바로 이해할 수 없고, 신약을 떠나서 구약의 참뜻을 이해할 수가 없게 된다. 성경의 가르침은 계속해서 개혁되고 갱신되어야 할 개인과 교회와 사회와 역사의 원리가 된다. 하나님은 성경과 세계 안에서 역사하시는 성령에 의해서 모든 것을 새롭게 만드신다. 그러므로 성경은 모든 개혁운동의 원리인 동시에 원동력이 된다. (대한예수교장로회 신앙고백서 제1장)

신약성경은 당시의 교회의 특정한 필요를 채우기 위해 특정한 상황에서 쓰여진 27권의 책이다. 시대가 지남에 따라 예수님의 생애를 아는 역사적 사건의 목격자들이 죽어 사라지기 시작함으로 교회는 예수님의 가르침을 기록할 필요를 깨달았다. 그리고 교회가 널리 퍼져 나가자 하나의 교회를 유지하기 위해 새로운 교회의 회중과 교제하고 이끌어 갈 필요가 있었다. 이러한 필요에 의해서 많은 문서들이 쓰여졌는데 이 중에서 교회의 참된 신앙을 표현하는 27권의 책들이 선정되어 오늘날 우리가 보고 있는 신약성경, 즉 정경이 되었다.

1. 신약의 구조

신약은 마태복음부터 요한계시록까지 총 27권으로 구성되어 있다. 그 각 권의 내용을 중요한 것만 좀 더 알기 쉽게 소개하면 다음과 같다.

1) **복음서(4권)** : 마태복음, 마가복음, 누가복음, 요한복음

2) **역사서(1권)** : 사도행전

3) **서신서(21권)** : 로마서, 고린도전서, 고린도후서, 갈라디아서, 에베소서, 빌립보서, 골로새서, 데살로니가전서, 데살로니가후서, 디모데전

서, 디모데후서, 디도서, 빌레몬서, 히브리서, 야고보서, 베드로전서, 베드로후서, 요한1서, 요한2서, 요한3서, 유다서

4) 예언서(1권) : 요한계시록

2. 신약의 문학적 성격

복음서 4권과 사도행전은 이야기 형식으로 서술되어 있다. 마태복음, 마가복음, 누가복음을 공관복음이라고 하는데 이것들은 서로 다른 견지에서 예수님의 생애와 사역을 기술하였다. 사도행전은 누가복음과 한 쌍을 이루는 책으로서 예수님이 이 세상 생활을 마치시고 부활 승천하신 후에 그의 제자들이 예수님의 명령에 따라 선교활동을 한 이야기가 기록되었으며 사도 바울의 생애가 강조되어 있다. 서신서들은 말 그대로 편지의 성격을 띠고 있으며 교회에 보내거나 또는 개인에게 보내는 형식을 취하고 있다. 그중 로마서, 고린도전후서, 갈라디아서, 에베소서, 빌립보서, 골로새서, 데살로니가전후서, 히브리서, 야고보서, 베드로전후서, 유다서, 요한1서는 주로 교리적인 책으로서 대부분 교회들에 보내는 편지형식으로 기록되었다. 각 교회에서 기독교 신앙의 요소들과 기독교윤리의 실천을 가르치려는 목적에서 기록된 것이다. 이것들은 로마서를 제외하고는 공식적으로 논증하려고 기록된 것이기보다는 주로 교회들이 당면하고 있는 여러 가지 어려운 문제들을 비공식적으로 다루면서 그 해결책을 제시하고 있다.

디모데전후서, 디도서, 빌레몬서, 요한2, 3서는 개인적인 서신들이다. 이 책들은 어떤 무리에게 쓴 것이 아니라 개인들에게 쓴 것으로서 개인적인 가르침과 충고가 그 쓰인 목적이다. 그러나 이 서신들의 수취인이 각 교회의 지도자들이기 때문에 이 책들의 중요성을 감안하여 개인적 서신으로보다는 교회들을 위한 공공의 문서로 받아들인 것이다. 위의 서신들을 바울서신과 일

반서신으로 나누기도 한다. 요한계시록은 예언서에 속하며 현재의 고난에 대한 위로와 미래에 대한 소망을 다루고 있다. 여기에는 환상들과 초자연적 현상들이 포함되어 크게 상징적인 형식을 취하고 있어서 계시문학에 속한다.

3. 신약 개관

1) 복음서

① 마태복음 : 제자 마태가 주후 70년경에 예루살렘에서 주로 유대인 공동체를 향하여 메시야시요, 하나님의 아들이시며 인류의 구주이신 예수님이 예언의 성취로 오셨음을 알려 믿고 구원받게 할 목적으로 기록하였다.

② 마가복음 : 마가가 주후 67년경에 로마에서 로마인으로 하여금 예수 그리스도를 믿고 구원 얻게 할 목적으로 예수님의 행적을 체계적으로 기록하였다.

③ 누가복음 : 의사 누가가 주후 63년경에 로마에서 데오빌로를 수신자로 지목하여 구주 예수님을 믿고 구원 얻게 하려고 기록하였다.

④ 요한복음 : 사도 요한이 주후 90년경에 에베소에서 “오직 이것을 기록함은 너희로 예수께서 하나님의 아들 그리스도이심을 믿게 하려 함이요 또 너희로 믿고 그 이름을 힘입어 생명을 얻게 하려 함이니라”(20 : 31)라는 목적으로 기록하였다.

2) 역사서

① 사도행전 : 누가복음을 기록한 의사 누가가 주후 63년경에 로마에서 데오빌로에게 기독교가 유대인의 종교로 시작해서 만민의 종교로 발전한 과정을 알려 주고, 만민에게 복음을 전하려고(유대인, 헬라인, 로마인) 성령의 역사하심 등을 기록하였다.

3) 바울 서신들 : 사도 바울이 기록한 서신들이다.

① 로마서 : 주후 56년경 로마교회에 하나, 교리적 목적(믿음으로 구원 얻는 도리를 알려 주고) 둘, 논쟁적 목적(이단에 대한 공격) 셋, 조화적 목적(로마교회 내 유대인 그리스도인과 이방인 그리스도인의 조화)으로 기록하였다.

② 고린도전서 : 주후 55년경에 에베소에서 고린도교회를 위해서 하나, 고린도교회의 난해한 문제에 대한 답을 주려고 둘, 문제 해결방안으로 십자가 신앙원리를 알려 줄 목적으로 기록하였다.

③ 고린도후서 : 주후 56년경 빌립보에서 고린도교회를 위해서 사도직에 대한 오해를 시정해 주고, 고린도교회의 여러 가지 문제에 대한 바른 해결방안을 지시할 목적으로 기록하였다.

④ 갈라디아서 : 주후 55년경에 에베소에서 갈라디아교회에 바울의 사도적 변호와 복음에 대해 해명할 목적으로 기록하였다.

⑤ 에베소서 : 주후 64년경에 로마 옥중에서 에베소교회에 보낸 옥중서신으로 교회일치, 즉 에베소교회의 통일을 위한 서신이다.

⑥ 빌립보서 : 주후 61년경 로마 옥중에서 빌립보교회에 선교헌금에 대한 감사인사와 바울의 투옥에 대한 변명과 주 안에서 하나 되라는 권면 등의 목적으로 쓴 서신이다.

⑦ 골로새서 : 주후 64년경에 로마 옥중에서 골로새 교회 내의 이단자들에 대한 바울의 처리방안과 예수 그리스도만이 참신임을 밝히는 기독론 등을 쓴 서신이다.

⑧ 데살로니가전서 : 주후 52년경에 고린도교회에서 데살로니가교회에 디모데의 보고를 듣고 몇 가지 감사인사를 하고, 잘못된 신앙을 시정해서 바른 신앙을 갖게 할 목적으로 쓴 서신이다.

⑨ 데살로니가후서 : 주후 50년경에 고린도교회에서 데살로니가교회에 보낸 두 번째 서신으로 재림에 대한 교리적 교훈과 그리스도인의 바른 신앙생활에 대한 교훈을 줄 목적으로 기록하였다.

⑩ 디모데전서 : 주후 64년경에 로마에서 디모데에게 이단을 경계할 것과, 교인의 윤리적 훈련, 교회의 조직 강화 등을 알려 주려고 기록하였다.

⑪ 디모데후서 : 주후 64년경에 로마의 감옥에서 디모데에게 목회자의 바른 목회 윤리를 가지게 할 목적으로 기록하였다.

⑫ 디도서 : 주후 64년경에 로마에서 디도에게 목회상에 필요한 사항을 알려 주려고 기록하였다.

⑬ 빌레몬서 : 주후 64년경 로마 옥중에서 빌레몬에게 오네시모가 회개하고 그리스도인 됨을 알리고 새로운 형제로 맞이하게 할 목적으로 기록하였다.

4) 히브리서와 공동서신

① 히브리서 : 저자는 알 수 없으나 주후 67년경에 로마에서 유대인들에게 그리스도와 기독교의 우월성을 확립시키고, 배교자를 경계하게 하며, 그리스도인의 신앙의 정의를 바로 알려 줄 목적으로 기록하였다.

② 야고보서 : 주의 동생 야고보가 주후 48년경 예루살렘에서 흩어져 있는 12지파에게 시험에서 연단 받는 것, 역경에서 참는 자는 복을 받는다는 것, 믿음과 행위의 일치를 알려 줄 목적으로 기록하였다.

③ 베드로전서 : 사도 베드로가 주후 65년경에 로마에서 흩어진 자들에게 박해받는 신자를 위로하고, 박해 중에 영원한 소망으로 승리할 것과, 가정과 교회생활에서 건전한 기독교 윤리관을 확립시켜 주고자 기록했다.

④ 베드로후서 : 사도 베드로가 주후 66년경에 로마에서 보배로운 믿음을 가진 자들에게 부도덕한 향락주의를 경계하고, 재림을 부인하는 거짓교사를 배격해야 함을 기록하였다.

⑤ 요한1서 : 사도 요한이 주후 95년경에 에베소에서 소아시아에 있는 일곱 교회에 예수 그리스도는 참신이시며 참인간이심과, 그리스도는 영생하시는 신이시라는 기독론을 확립해 줄 목적으로 기록하였다.

⑥ 요한2서 : 사도 요한이 주후 95년경에 에베소에서 택하심을 입은 자와 그 자녀들에게 요한1서와 같은 목적으로 쓴 서신이다.

⑦ 요한3서 : 사도 요한이 주후 95년경에 에베소에서 사랑하는 가이오에게 요한1서와 같은 목적으로 쓴 서신이다.

⑧ 유다서 : 예수님의 동생 유다가 주후 75년경에 예루살렘에서 부르심을 입은 자들에게 영지주의자를 반박하고, 그리스도인들이 이단에 동요되지 말고 정통신앙을 잘 지키게 할 목적으로 기록하였다.

5) 예언서

① 요한계시록 : 사도 요한이 주후 96년경에 에베소에서 소아시아 일곱 교회에 예수님이 대심판관으로 오실 것을 알리고, 고난 중에 있는 그리스도인들을 위로하고 격려하며, 박해 중에 소망을 가지고 이기게 할 목적으로 기록하였다.

4. 신약의 장로

신약시대의 장로들은 공회원 장로들과 지방공회원 장로들을 들 수 있다. 이들은 정치적이면서도 종교 지도자들이었으며, 예수님의 재판에도 앞장섰던 자들이다(마 26 : 57-27 : 2). 지방공회원 장로들은 회당에서 지방법관들이나 다름없었으며(눅 7 : 3), 회당 업무를 관리하였다. 회당이 예배, 교육, 재판을 위한 장소로 사용된 것으로 보아 회당의 장로들은 회당원들의 종교, 교육, 윤리 문제를 다루는 지방 유지였음을 짐작할 수 있다.

초대 예루살렘 교회의 장로들로는 예수님의 형제 야고보와 사도들도 포함되어 있었다(행 15 : 1-6, 22-23 ; 벧전 5 : 1 ; 요이 1 : 1 ; 요삼 1 : 1). 이방인들에게 복음을 전파한 바울은 "각 교회에서 장로들을 택하여 금식 기도하며 그들이 믿는 주께 그들을 위탁"하였다(행 14 : 23).

신약성경에서 장로들은 인격적이고 도덕적인 성품에 근거하여 선택받으며, 그리스도인다운 삶의 방식을 통해 사회와 사람들을 섬겼다(딤전 3 : 1-7, 딛 1 : 5-9). 또 이들은 가르침과 교회 일을 주관하는 목회사역을 했다(딤전 5 : 17, 딤후 2 : 2). 그들은 구제를 관리하며(행 11 : 29-30), 병자를 돌보았고(약 5 : 14–15), 권면하고 책망하며(딤전 1 : 5, 9), 안수하고(딤전 4 : 14), 복음의 오해를 교정하는 임무도 맡았다(행 15 : 4–5). 장로들은 이러한 일을 담당할 때 눈물로 기도해야 했으며(행 20 : 31), 주의 말씀으로 세움을 입어야 했다(행 20 : 32). 또 은이나 금이나 의복을 탐하지 말며(행 20 : 33–35), 자원함과 즐거운 뜻으로 일을 하며, 본이 되는 삶(벧전 5 : 2–3)을 살아야 했다.

초대교회가 언제부터 집사 직분을 갖기 시작했는지는 확실치 않다. 바울은 집사라는 말을 빌립보서 1 : 1에서 사용했다. 사도행전 6 : 2에서는 부정사의 형태로 '공궤를 일삼다' 또는 '섬기다'의 뜻을 가진 동사가 사용되었고, 이 동사에서 유래된 명사가 바로 '종', '종업원', '섬기는 자' 등이며, 이 말이 또한 '집사', '일꾼', '사역자'를 의미하는 데 사용되었다. 사도행전 6장에 나타난 집사들은 성령이 충만한 사람, 지혜가 충만한 사람으로 칭찬을 듣는 사람이었다(행 6 : 3). 집사의 자격으로는 정중한 자, 일구이언(一口二言)하지 아니하는 자, 술에 인 박히지 아니한 자, 더러운 이를 탐하지 아니하는 자, 깨끗한 양심에 믿음의 비밀을 가진 자, 한 아내의 남편이 되어 자녀와 자기 집을 잘 다스리는 자라야 한다(딤전 3 : 8–13). 또한 직분에 임명될 자는 먼저 증명되어야 한다.

말씀 청종

1. 신약성경은 왜 우리에게 권위가 있으며 어떤 내용을 가지고 있는가?

2. 신약성경이 항존직에게 어떤 깨달음을 주는지 서로 이야기해 보자.

3. 이 과를 통해 나는 어떤 항존직이 될 것인가를 구체적으로 기록해서 나눈 후 함께 기도하자.

02
직분론

교회에는 그 머리가 되시는 예수 그리스도가 다시 오실 때까지 반드시 해야 할 직무가 있다. 이것을 가리켜 항존직무(恒存職務)라 하며, 그 직무를 수행하는 이들을 항존직(恒存職)이라고 부른다. 즉, 교회에 항상 있어야 할 직원이 항존직이다. 그리고 항존직에는 장로, 집사, 권사가 있다.

어느 목회자는 목사 안수를 받은 후에도 3년을 계속해서 새벽기도 시간에 "목사가 무엇이며, 교회는 무엇인가?"라는 물음을 가지고 기도했다고 한다. 목사로서 가장 기본적이면서도 중요한 문제를 다루며 씨름했음을 엿볼 수 있다. 그만큼 "항존직으로서의 내가 누구이며 무엇을 해야 하는가?"에 대한 분명한 자기 이해가 필요하다.

보통 자아정체감을 가지고 있을 때 그를 성인이라고 부르며, 어린이와 어른의 차이는 이 자아정체감의 형성 여부에 달려 있다고 할 수 있다. 자아정체감이란 자신이 다른 사람과 구별될 수 있는 독특한 존재임을 깨닫고 느끼는 것을 말한다. 또 이것이 갖추어짐으로써 그만의 고유한 길을 바로 걸으며 사역을 충실하게 감당할 수 있을 것이다.

이런 근거에서 항존직에 대한 분명한 자기 이해를 가지는 작업은 앞으로 임직하여 직무를 수행하기 전에 반드시 선행되어야 할 과정이다.

따라서 본 단원에서는 먼저 항존직에 대한 이해를 다루며, 각 항존직의 직무를 숙지함으로써 임직 후 봉사를 하고, 그리스도인의 몸 된 교회를 잘 세워 나갈 수 있도록 하였다. 이어서 항존직의 기본 원리로서 청지기론을 배운다. 자연 만물뿐 아니라 교회의 일꾼도 하나님의 소유이다. 이 의식을 견고히 할 때 하나님께서 기뻐하시는 충성된 일꾼으로 살게 될 것이다. 교회의 항존직은 교회의 지도자이다. 지도자에게는 지도력이 요청된다. 따라서 지도력에 대한 학습과 훈련을 마지막으로 공부하도록 하였다. 그리하여 교회의 참된 지도자로 세워지는 것에 목적을 두었다.

3과
항존직

오늘의 찬송 : 새 320장(통 350장), 새 208장(통 246장)

오늘의 말씀 : 에베소서 4 : 1–16

오늘의 기도

학습목표

① 항존직의 직무에 대해 알 수 있다.

② 내가 받게 될 직분이 얼마나 거룩하며 소중한 것인가를 느낄 수 있다.

③ 다른 직분자들과의 연합을 통하여 본연의 직무를 수행할 수 있다.

말씀 보기

1. 사도 바울은 에베소교회에 '무엇을' 권하는가?(2-3절)

2. 그리스도께서 교회에 여러 직분을 주신 까닭은 '무엇'인가?(12절)

3. 그리스도의 몸인 교회는 '어떻게' 건강하게 자라나는가?(16절)

강의 듣기

교회 안의 직분은 '항존직'과 '임시직'으로 구분한다. 항존직은 장로, 집사, 권사이며, 그 시무는 70세가 되는 해의 연말까지로 한다. 임시직은 전도사,

서리집사이며, 그 시무 기간은 1년이고 연임할 수 있다. 단, 연임되는 경우 70세가 되는 해의 연말까지 시무할 수 있다.

이 중 '항존직'에 대하여 알아보자.

'장로'에는 두 가지가 있으니 설교와 치리를 겸한 자를 목사라 하고, 치리만 하는 자를 장로라 한다. 그리고 '집사'는 안수집사를 말하는 것으로 이것은 남자에 한하고 '권사'는 여성에 한하여 주어진 직분이다.

목사는 '먹이다', '보호하다'라는 뜻으로 목자를 의미하는 말이다. 목사직은 사도직에서 유래되었다. 초기교회는 장로들을 세웠으나, 그들이 교회를 목회하기에는 감당할 수 없는 한계점이 있었다. 따라서 보다 더 전문적 역할의 필요성이 요청되었고 감독이라 불리는 목사를 세웠다.

장로의 히브리어는 '수염'이란 뜻이 있다. 즉, 장로는 수염이 가득한 사람으로 연장자, 원로, 현자 등의 뜻이 내포되어 있다. 덕망 있고 뛰어난 인물을 가리키나, 보통 특수한 의미에서는 산헤드린 회원이나 기독교의 지도자를 뜻한다. 우리나라에서 부르는 장로의 '장(長)'자는 어른이란 뜻이요, '노(老)'자는 늙었다는 뜻보다는 경험이 많은 사람이란 뜻이다. 그러므로 장로란 연장자로 경험과 지혜가 많은 지도자란 뜻이다.

신약시대의 교회 초기에는 감독과 장로가 동의어로 사용되다가 교회가 어려움을 당하고 복음의 순수성을 수호할 상황이 되자 '가르치는 장로'와 '다스리는 장로'로 구분하게 되었다. 교회를 영적으로 먹이고 말씀을 선포하며 가르치는 일을 전담하는 자를 감독이라 부르고, 교회를 지키고 다스리며 관리하는 자를 장로라고 불렀다.

집사라는 헬라어 '디아코노스'는 종, 시중드는 자, 수종자라는 뜻이다. 집사는 사도시대 이후 교회에서 수종자들의 중요한 직분 중의 하나다. 초대교회에서 과부들에게 식량을 나누어 주는 일을 맡아 사도들을 보호하도록 일곱 사람을 선택한 기사가 사도행전 6장에 언급되어 있다. 집사직은 재무와 구제 업무와 복음 전파에 수종 들며 사도들을 돕는 자들이다. 이러한 원리는 오늘날에도 변함이 없다. 목사로 하여금 기도하는 것과 말씀 전하는 일에 전무할 수 있도록 목사의 교역에 좋은 보조자가 될 때 집사직은 존재 의의가 있다.

권사라는 직분은 초기 한국교회, 특히 평양지방 교회에서 심방과 전도와 교회봉사의 직무를 감당하는 여교역자를 부르던 직명이다. 그 후 여교역자를 전도사로 부르면서부터는 오랫동안 교회에서 충성하는 여집사 중 당회가 선정하여 권사라는 명예를 부여하여 교회에서 계속 봉사하게 하였다. 당시 교회의 요청에 따라 자연스럽게 발생한 것이 권사직이다. 한국 개신교에는 어느 교파든지 권사제도가 있다.

성경상에 나타난 교회직분은 감독, 장로, 집사이다. '감독'은 구약 출애굽기 1 : 11, 느헤미야 11 : 9, 열왕기상 5 : 14, 에스겔 23 : 6, 그리고 신약 사도행전 20 : 28, 빌립보서 1 : 1, 디모데전서 3 : 1-2, 디도서 1 : 7, 베드로전서 2 : 25 등에서 언급되었다. '장로'에 대하여서는 구약의 출애굽기 3 : 16, 레위기 4 : 15, 민수기 11 : 16, 신명기 5 : 23 등에서 수없이 나오고, 신약에서도 누가복음 22 : 66, 사도행전 22 : 5, 디모데전서 4 : 14, 베드로전서 5 : 1 등 여러 곳에서 나온다. 또한 '집사'에 대하여서는 사도행전 21 : 8, 디모데전서 3 : 10 등에 나오고 있다. '권사'에 대하여서는 로마서 16 : 1-2, 사도행전 4 : 36-37 등에 뵈뵈와 바나바의 역할로 권사의 직분이 등장하고 있다.

교회의 조직이나 직제는 시대와 교회의 범위에 따라 알맞게 편성되는 것이 자연스럽고 효과적이다.

1. 항존직의 직무

항존직으로서 해야 할 직무에 대하여 헌법의 정치 부분에 명시된 내용을 토대로 살펴보자.

1) 목사의 직무

헌법(정치 제25조)에 "목사는 하나님의 말씀으로 교훈하며, 성례를 거행하고, 교인을 축복하며, 장로와 협력하여 치리권을 행사한다."로 명시되어 있다. 즉, "목사는 교육, 성례, 축복, 치리를 하는 사람이다."라는 뜻이다. 그러나 이것으로 목사의 직무가 온전히 설명되었다고 볼 수는 없다. 그럼 목사의 직무를 행정적 측면에서도 살펴보기로 하자.

첫째, 목사는 '당회장'이다.

당회의 직무는 다음과 같다(정치 제68조).

1. 당회는 교인의 신앙과 행위를 통찰하며 세례, 입교할 자를 문답하며 세례식과 성찬식을 관장한다.
2. 당회는 교인의 이명, 세례, 입교, 유아세례 증서를 교부하며 접수한다. 이명증서를 접수한 때는 즉시 발송한 당회에 접수 통지를 해야 한다.
3. 당회는 예배를 주관하고 소속 기관과 단체를 감독하고 신령적 유익을 도모한다.
4. 당회는 장로, 집사, 권사를 임직한다.
5. 당회는 각종 헌금을 수집할 방안을 협의하여 실시케 하며 재정을 감독한다.
6. 당회는 노회에 파송할 총대장로를 선정하고 교회 상황을 보고하며 청원 건을 제출한다.
7. 당회는 범죄한 자를 소환 심문하고 증인의 증언을 청취하며 범죄한 증거가 명백할 때는 권징한다.
8. 당회는 지교회의 토지, 가옥 등 부동산을 관리한다.
9. 기타 (제직회나 공동의회 직무와 상충되지 않는 범위 내에서) 필요한 사항

이렇듯 목사(담임목사)는 그 당회의 장으로서, 당회를 대표하고, 교회의 모든 행정의 책임자가 된다.

둘째, 목사는 '제직회장'이다. 제직회장인 목사는 제직회를 소집하여 공동의회에서 결정한 예산 집행, 재정에 관한 일반수지 예산 및 결산, 구제비의

수입, 지출 및 특별헌금 취급, 당회가 요청한 사항, 부동산 매매 등의 사항을 제직회를 통해 결의할 수 있다(정치 제91조). 다시 말해 제직회는 교회의 사업을 하는 곳으로서 각 사업은 그 부서의 성격과 임무에 맞게 예산이 편성, 운영된다. 담임목사는 제직회의 총책임자가 된다.

셋째, 목사는 '목회자'이다. 목회자는 교인의 신령상의 문제를 돌보는 사람이다. 그러므로 기도하고, 심방하고, 설교를 준비하고, 언제나 공부하는 일을 게을리해서는 안 된다. 또한 예배와 성례, 축복하는 일을 성실하게 하여야 한다. 예배와 성례에 대하여서는 목사가 집례하되 또한 당회가 한다는 것을 명심해야 한다.

이와 같이 목사의 직무는 당회장, 제직회장, 목회자로 구분해 볼 수 있다.

2) 장로의 직무

헌법(정치 제39조)에 명시된 장로의 직무를 정리하면 다음과 같다.

1. 장로는 교회의 택함을 받고 치리회의 회원이 되어 목사와 협력하여 행정과 권징을 관장한다.
2. 장로는 교회의 신령상 관계를 살핀다.
3. 장로는 교인들이 교리를 오해하거나 도덕적으로 부패하지 않도록 교인을 권면한다.
4. 장로는 권면하였으나 회개하지 않는 자가 있으면 당회에 보고한다.

이 중에 핵심이 되는 임무는 "교회행정과 권징에 목사와 협력"하는 것이다. 즉, 모든 것을 독단으로 하지 않고 협력해서 의논한 결과를 집행해야 한다는 것이다. 장로는 교회를 섬기고 봉사하며 신앙과 생활공동체인 교회생활 전반을 감당한다.

3) 집사의 직무

헌법(정치 제50조)에 집사의 직무는 "교회의 택함을 받고 제직회의 회원이 되며, 교회를 봉사하고 헌금을 수납하며, 구제에 관한 일을 담당한다."라고 되어 있다. 집사는 '봉사'와 사업적인 면을 집행하는 직무를 가지고 있다.

초대교회 당시 집사직은 재무와 구제 업무와 복음 전파에 수종 드는 자로서 사도들을 돕는 자들이었다. 이러한 원리는 오늘날에도 변함이 없다. 목사로 하여금 기도하는 것과 말씀 전하는 일에 전무할 수 있도록 목사의 교역에 좋은 보조자가 되어야 하겠다.

4) 권사의 직무

헌법(정치 제52조)에 "권사는 교회의 택함을 받고 제직회의 회원이 되며 교역자를 도와 궁핍한 자와 환난당한 교우를 심방하고 위로하며 교회에 덕을 세우기 위해 힘쓴다."라고 되어 있다.

권사는 교역자들을 도와 궁핍한 자와 환난당한 교우를 심방하고 위로하는 자이다. 그러므로 교역자를 도우며 어려운 사정에 처해 있는 교인을 위로하는 직무를 담당한다. 겐그레아 교회의 여자 일꾼 뵈뵈는 여러 사람의 보호자이며, 바울의 보호자라고 칭찬받았다(롬 16 : 1-2). 뵈뵈는 부유하고 사회적 지위도 높아 그리스도인 단체를 보호하였고, 전도자 바울의 보호자가 되었다. 초기 예루살렘 교회의 바나바는 착하고 믿음과 성령의 사람으로 권위자, 즉 위로의 아들이란 별명을 얻었다(행 4 : 36-37). 교회에는 학자도 이론가도 있어야 하지만 위로의 사람도 반드시 있어야 한다. 한국교회의 권사는 겐그레아 교회의 뵈뵈와 예루살렘 교회의 바나바에 뿌리를 둔 직책이다. 권사는 위로와 격려의 일을 함으로써 교회를 평화롭게 하고, 덕을 세우며, 교회 성장에 기여할 수 있어야 한다.

말씀 청종

1. 교회의 직분을 크게 두 가지로 구분해 보고, 그것들을 각각 세분해 보자.

2. 항존직의 중요성이 '어디에' 있는가를 이야기해 보자.

3. 항존직의 직무를 수행할 때 어떤 자세를 가지고 임할 것인지 글로 써 보고 발표해 보자.

4과 지도력

오늘의 찬송 : 새 455장(통 507장), 새 452장(통 505장)

오늘의 말씀 : 사도행전 20 : 17-35

오늘의 기도

학습목표

① 교회의 참다운 지도력이 어디에서 오는지 알 수 있다.

② 그리스도인의 삶은 섬김의 삶이라는 것을 느낄 수 있다.

③ 그리스도를 본받아 교회 안에서 섬기는 지도자로 생활할 수 있다.

말씀 보기

1. 사도 바울이 아시아에 들어온 첫날부터 지금까지, 교회에서 '어떻게' 행하였는가? 네 가지로 간추려 대답해 보자(19-21절).

1) ______

2) ______

3) ______

4) ______

2. 사도 바울은 '무엇을 위하여' 그의 생명을 조금도 귀한 것으로 여기지 아니하였는가?(24절)

______

3. 사도 바울은 범사에 교회에 '어떤' 본을 보였는가?(35절)

______

강의 듣기

교회의 항존직은 교회의 지도자들이다. 지도자에게는 반드시 지도력(leader-ship)이 필요하다. 지도자는 적어도 다른 사람을 인도하고 감동시킬 수 있는 힘이 있어야 한다. 그 힘을 지도력이라고 말할 수 있는데 올바른 인격과 신앙을 바탕으로 한 체력(體力), 지력(知力), 영력(靈力)을 기본으로 한다.

1. 일반적 지도력

1) 지도력의 형태

어떤 형태의 지도력을 갖추고 지도하느냐에 따라서 많은 사람들이 따르는 좋은 지도자가 될 수도 있고 배척을 받는 지도자가 될 수도 있다. 따라서 지도력의 형태는 지도를 받는 사람들과 맞아야 한다.

(1) 권위주의적 형태

이 형태는 지도자가 공동체의 중심에 있다. 모든 활동과 계획과 관리가 지도자를 통해서 이루어진다. 지도자가 계획하고 결정한 바를 공동체는 따를 뿐이다. 여기에 구성원들은 피동적이고 맹목적이거나 반대로 강한 반발을 나타내기도 한다.

(2) 참여하는 지도형태

공동체와 더불어 하는 지도형태이다. 이는 지도자가 프로그램을 계획하고 실행할 때 모든 구성원으로 하여금 동참하도록 하는 것이다. 여기서 결정과 책임은 지도자에게만 있지 않고 모두에게 분담되며, 모든 문제에 대해서 지도자 한 사람만 대답하는 것이 아니라 공동체가 함께하며 함께 활동하는 중에 창조적으로 발전하게 된다. 이 지도형태는 각 개인의 가치와 각자가 할 수 있는 공헌이 큰 부분을 차지한다.

(3) 무간섭 지도형태

공동체 밖에서 지도하는 형태이다. 이를 무간섭주의라고 하는데 "하게 하라"는 의미를 갖고 있다. 구성원들의 요청이 있을 때에만 지도자가 도와주며, 구성원들이 스스로 계획하고 결정하고 실행하도록 한다. 쉽게 말해서 지도자는 고문의 역할을 하는 것이며 상의할 때만 기능을 발휘하고 직접 손을 대지 않는 자세를 취하는 지도형태이다.

위의 지도형태 중 어떤 것이 가장 이상적이라고 말할 수는 없다. 왜냐하면 그 공동체의 성질과 환경이 다를 수 있기 때문이다.

2) 지도자의 자질과 역할

지도자는 근본적으로 인격이 갖추어져야 하고 믿음이 있어야 한다. 또한 겸손하고 희생적인 봉사심이 투철해야 한다. 넓은 마음, 곧 포용력과 인내심, 그리고 용기와 결단력도 있어야 한다. 이런 것들을 한마디로 지도력이라 할 수 있다. 좋은 지도자로서의 자질은 ① 생각하고 행동하는 데 민감해야 한다. ② 다른 사람과 잘 융화할 수 있어야 한다. ③ 다른 사람의 의견을 존중할 줄 알아야 한다. ④ 리더십을 가급적 많이 분산시키려는 의욕이 있어야 한다. ⑤ 쉽게 실망하지 않고 의지가 강하며 의욕적이어야 한다.

지도자란 명령하고 지시하고 전달만 하는 역할이 아니라 오히려 공동체의 목표를 향하여 움직여 변화시키는 행위자가 되고 동인(動因)이 되는 변혁의 추진제가 되어야 한다. 즉, 그룹 전체를 능동적으로 참여하게 하는 촉진자의 역할을 해야 한다.

2. 교회의 지도자

교회의 지도자는 첫째, 구원의 확신을 가지고 그리스도를 전하고 사람들을 그리스도께로 인도하는 자이다. 그는 사람들의 주의를 자신에게 끌지 아니하고 오히려 예수 그리스도께 향하게 한다. 설교, 교육, 봉사 그 어떤 사역을 통해서든 교회의 지도자는 자기 자신이 아니라 오직 예수 그리스도만을 사람들에게 보여야 한다.

둘째, 교회의 지도자는 자기 자신의 신앙생활로 사람들을 그리스도께로 인도해야 한다. 성도라는 말은 "그 사람 안에 그리스도께서 다시 살고 있는 사람"을 가리킨다. 교회의 지도자란 사람들에게 말로만 전하는 것이 아니라 자신의 생활과 일과 전 인격을 통해서 그리스도를 드러내 보이는 사람이다. 사람들이 주목하고 있는 것은 그 사람의 말이 아니라 그의 인품이다. 사람은 자기의 삶으로 자신의 인격을 나타내기 때문이다.

셋째, 교회의 지도자는 필요하다면 신앙을 위해 생명도 던질 수 있는 자이다. 사람은 죽음으로써 자신의 전 생애를 마감하며 평가받는다. 지도자는 사는 것도 중요하지만 죽는 것도 이에 못지않게 중요하다. 그는 사람들에게 어떻게 살아야 할 것인가를 보여 주고, 최후에는 어떻게 죽어야 하는가를 보여 주게 된다. 성경에 나타난 지도자들의 죽음은 우리에게 많은 감동을 준다. 또한 그리스도의 죽음은 만인의 귀감이 되는 죽으심이었다.

넷째, 교회의 지도자는 뒤따르는 사람들에게 모범과 영감을 남긴다. 로마의 출중한 변론가인 퀸틸리안(Quintillion)은 "옛적 사람들이 이룩한 눈부신 역사를 알고 또한 끊임없이 상기해 보는 일은 유익한 일이다."라고 말했으며, 에피쿠로스(Epicurus)는 옛날 덕행으로 살아간 사람들을 끊임없이 기억하도록 자기 제자들을 가르쳤다.

끝으로, 교회의 지도자는 사람들을 섬긴다. 세베대의 아들 야고보와 요한의 어머니가 예수께 와서 자기의 두 아들을 하나는 주의 나라에서 주의 우편에, 다른 하나는 주의 좌편에 앉게 해 달라고 요청을 하였고 이를 안 다른 제자들은 분개하였다. 이때 예수님은 "이방인의 집권자들이 그들을 임의로 주관하고 그 고관들이 그들에게 권세를 부리는 줄을 너희가 알거니와 너희 중에는 그렇지 않아야 하나니 너희 중에 누구든지 크고자 하는 자는 너희를 섬기는 자가 되고 너희 중에 누구든지 으뜸이 되고자 하는 자는 너희의 종이 되어야 하리라"(마 20 : 20-27 참고)라고 제자들을 일깨워 주셨다. 교회의 지도자는 주님을 본받아야 한다. 그것은 한마디로 섬김의 자세이다. 주님은 말씀하시기를 "인자가 온 것은 섬김을 받으려 함이 아니라 도리어 섬기려 하고 자기 목숨을 많은 사람의 대속물로 주려 함이니라"(마 20 : 28)라고 하셨다. 과연 주님은 이 말씀대로 일생을 섬기는 자의 모습으로 사셨다.

말씀 청종

1. 바람직한 지도력을 지닌 지도자는 공동체에서 어떠한 역할을 하는 사람이겠는가?

____

____

2. 교회의 지도자의 자질 다섯 가지 중에서, 내가 특히 갖추고 있는 것과 그렇지 못한 것, 한 가지씩을 찾아 기록하고, 함께 이야기해 보자.

   1) 갖춘 것 ______________________________

   2) 부족한 것 ______________________________

3. 학습이 끝나면 모두가 예수님의 섬기는 삶을 실천하는 의미에서 서로의 발을 씻겨 주는 세족식을 진행해 보자.

____

____

03

신앙고백론

신약성경에서 신앙고백의 근원을 찾아본다면 마태복음 16 : 16에 나오는 베드로의 고백이다. "시몬 베드로가 대답하여 이르되 주는 그리스도시요 살아 계신 하나님의 아들이시니이다." 이와 같이 고백을 간결하게 정리해 놓은 것이 신조와 신앙고백이다. 신조가 그 범위가 좁으며 짧고 간략한 선언이라 한다면, 신앙고백은 신조보다 그 내용이 보다 많고 세밀하고 조직적이다.

종류로는 사도신경, 니케아-콘스탄티노플 신조, 아타나시우스 신조, 아우크스부르크 신앙고백, 제네바 신앙고백, 웨스트민스터 신앙고백 등이 있다. 작센의 루돌프(Ludolf of Saxony)는 신조를 "구원에 관계되는 모든 일들을 집약 요약한 글"이라고 정의하였다. 또한 "사도신경은 신앙을 가르치기 위하여, 니케아-콘스탄티노플 신조는 신앙을 해석하기 위하여, 아타나시우스 신조는 신앙을 방어하기 위하여 만들어진 것"이라고 하였다.

본 교단의 헌법 제1편 교리 부분에는 사도신경, 신조, 요리문답, 웨스트민스터 신앙고백, 대한예수교장로회 신앙고백서, 그리고 21세기 대한예수교장로회 신앙고백서가 수록되어 있다. 요리문답이란 교리를 아주 간결하게 요약해 놓은 것으로서 질문과 답변의 형식으로 되어 있다. 이것들은 모두 성경에서 나왔으며 성경의 교훈들을 요약해 주고 성경의 올바른 이해에 도움을 준다. 뿐만 아니라 거짓된 교훈과 생활을 막아 내는 데 있어서 공적인 방패가 된다.

본 단원에서는 먼저 사도신경에 대해서 배운다. 사도신경이 무엇이고, 왜 예배시간에 그것으로 고백하며, 그 형성과정은 어떠하였으며, 그 내용의 의미는 무엇인가를 다루게 된다. 다음으로 대한예수교장로회 신조의 내용과 그 의미를 다루고 요리문답의 형성 개요와 주요 내용과 그 가치에 대해 알아본 뒤, 끝으로 21세기 대한예수교장로회 신앙고백서가 만들어지게 된 배경과 함께 그 내용을 다루게 된다.

5과
사도신경

오늘의 찬송 : 새 288장(통 204장), 새 336장(통 383장)

오늘의 말씀 : 마태복음 16 : 13–18

오늘의 기도

학습목표

① 사도신경을 바로 알고 사도적 신앙의 내용을 알 수 있다.

② 신앙의 역사성과 현재성을 느껴 봄으로써 신앙의 공동체성을 깨달을 수 있다.

③ 항존직으로서의 사명을 신앙고백적으로 수행할 수 있다.

말씀 보기

1. 예수님에 대한 베드로의 신앙고백은 '무엇'이었는가?(16절)

____

2. 베드로의 신앙고백은 '누구에 의하여' 되어진 것인가?(17절)

____

3. 교회의 기초는 '무엇'인가?(18절)

____

강의 듣기

주기도문은 성경에 원문이 있으며(마 6 : 9–13), 십계명도 성경에 원문이 있다(출 20 : 1–17). 하지만 사도신경은 성경에 원문이 나와 있지 않다. 그렇다면 사도신경은 어떻게 만들어졌으며, 왜 생겨난 것일까?

사도신경은 사도적 신앙을 고백하는 것이다. 따라서 사도신경은 교회의 산물이다. 또한 삼위일체 하나님 신앙을 고백하는 것이요, 하나님의 계시에 대한 인간의 응답이다. 사도신경은 개혁교회뿐 아니라 로마 가톨릭, 루터교회, 성공회 등에서도 사용된다.

1. 왜 사도신경을 고백하는가?

사도신경을 예배시간에 고백하는 것은 주기도를 드리는 것과 함께 매우 중요하다. 그 이유는 우리의 믿음은 고백되어질 때에 참 믿음이 되기 때문이다. 예수님은 가이사랴 빌립보 지방에서 제자들에게 두 가지 질문을 하였다. 하나는 "사람들이 인자를 누구라 하느냐?"라는 것이고 다음은 "너희는 나를 누구라 하느냐?"였다. 처음 질문을 하신 것은 여론을 알기 위함이라기보다 둘째 질문을 하시기 위함이었는데 예수님은 제자들의 마음을 이미 다 알고 계셨다(요 2 : 25). 그렇다면 베드로의 믿음을 이미 다 알고 계신 예수님은 왜 두 번째의 질문을 하셨을까? 이는 베드로의 믿음을 입으로 고백하게 하기 위함이었다. 마음에 있는 것을 입으로 고백한 이상 책임이 따른다. "사람이 마음으로 믿어 의에 이르고 입으로 시인하여 구원에 이르느니라"(롬 10 : 10). 따라서 우리의 믿음도 항상 고백되어야 한다. 그런 의미에서 사도신경을 고백하는 것이 우리의 경건생활과 헌신에 매우 중요하다.

교회의 역사에서 생겨난 신조들은 그 수가 참으로 많다. 우리 장로교회에서는 사도신경, 신조, 요리문답, 웨스트민스터 신앙고백, 대한예수교장로회 신앙고백서, 21세기 대한예수교장로회 신앙고백서 이 여섯 가지가 교리로 확정된 것들이다.

2. 사도신경의 형성과정은 어떠한가?

사도신경의 형성은 일시에 이루어진 것이 아니다. 사도신경은 교회의 역사 속에서 점진적으로 완성되었다. 사도신경의 내용은 다양한데 이는 교회의 역사에서 필요할 때마다 조항의 세부사항이 첨가되었기 때문이다. 그래서 처음은 질문형의 문장이었다가 4세기에 긍정문으로 바뀌었다. 사도신경은 베드로의 신앙고백과 마태복음 28 : 19의 예수님의 명령에서 시작되었다. 즉, "아버지와 아들과 성령의 이름으로 세례를 베풀고" 이 말씀이 사도신경의 출발점이다. 또한 로마교회에서 세례문답을 할 때 질문을 하고 답을 듣는 데서 시작되었다. "성부 하나님을 믿습니까?", "성자 예수 그리스도를 믿습니까?", "성령을 믿습니까?" 이 질문에 "예, 믿습니다." 하고 답변하면 세례를 주었다. 최초의 사도신경은 이처럼 단순하고 간단했다.

그러다가 영지주의 이단의 출현으로 창조주 하나님을 부인하는 자들이 생겨서 문제가 되었다. 그래서 세례문답을 할 때에 "성부 하나님을 믿습니까?"에 "천지를 창조하신 하나님"이라는 말이 첨가된 것이다. 즉, "성부 하나님, 곧 천지를 창조하신 하나님을 믿습니까?"로 되었다. 이 물음에 "예, 믿습니다."라고 대답하면 합격이 되었다. 이렇게 사도신경은 첫째로, 세례를 베풀 때 문답의 표준이 필요했기 때문이며 둘째로, 자녀들의 신앙교육을 위해 신구약성경의 중요한 요점만 정리한 것이 필요했기 때문이며 셋째로, 이단을 배격하고 물리치기 위해서 만들어진 것이다.

그리스도의 고백에서는 그의 교훈이나 자비나 능력의 사건은 말하지 않고 가장 기본적인 것들만 고백하는데 이는 잘못 고백하기 쉬운 것들만을 추려서 제시한 것이다. 마르시온은 동정녀 탄생을 부정했으며, 영지주의는 가현설을 내세워 그리스도의 실재성을 부인했다. 따라서 이 고백은 모든 이단을 공박하는 공박문이기도 하다. "몸의 부활과"의 조항은 역시 영지주의가 몸의 부활을 부인했기에 첨가된 것이다. "죄를 용서받는 것과"의 조항은 최초의 형태에는 없었다가 서기 200년 후에 첨가된 것이다. 이는 세례 받은 후의 죄의 용서에 대한 논쟁이 있고 난 후에 삽입된 조항이다.

"거룩한 공교회와"의 조항도 사죄의 조항과 함께 첨가된 것이다. 이는 세례 받은 후에 범죄자들을 교회에서 용납했지만 그래도 교회는 거룩하다는 것을 나타낸다. 여기서 "공교회" 곧, 가톨릭이라는 말은 니케아 신조의 영향으로 첨가된 것이다.

고대 로마교회의 신조에 첨가된 부분들은 3항-'잉태되어', 4항-'고난을 받아', '음부에 내리사'(우리말에는 없음), 6항-'전능하신 아버지 하나님', 8항-'믿으며', 9항-'성도의 교제', 12항-'영생을' 등인데 이 부분이 삽입된 시기는 6세기 말이고, 7세기 말에 완성되었다고 학자들은 주장한다.

사도신경이라는 이름은 390년 암브로시우스 감독의 글에서 처음 사용되었으며, 범교회적으로 사용된 것은 9세기 초부터였다. 사도들이 직접 고백한 것은 아니지만 사도들의 교훈의 집약이기에 사도신경이라 부르고 있다.

3. 사도신경의 내용

사도신경은 사도들의 신앙고백과 증언과 그들이 선포한 내용 등으로 이루어져 있다. 이것은 다섯 개의 주제, 즉 성부, 성자, 성령, 교회, 성도에 대한 열두 개의 항목으로 구성되어 있으며 그 자세한 내용은 아래와 같다.

첫째, 성부 하나님을 고백한다. 천지를 창조하신 하나님 아버지를 내가 믿는 고백이다. 또한 "태초에 하나님이 천지를 창조하시니라"(창 1 : 1, 요 1 : 1-3, 롬 1 : 20)의 반영이다. 하나님께서 우주의 주인이시다. 나의 생명도 하나님께서 주신 것이다. 나는 하나님의 것이며, 내가 사용하는 모든 것도 하나님의 소유이다. 여기서 청지기 정신이 나오는데 우주 만물을 만드신 하나님께서 또한 다스리시는 것이다.

둘째, 성자 예수 그리스도를 고백한다. 성자의 신분은 하나님의 외아들(요 3 : 16), 우리 주 예수 그리스도(골 2 : 6)이시다. 이 세상에 오실 때에는 독생자이시고, 대속의 죽음을 담당하시고 부활 승천하신 후에는 맏아들이시다(롬 8 : 29, 히 1 : 6). 여기에 하나님의 사랑의 극치가 있다. 또한 성자의 신분에 그 이름 셋을 고백하는데, 주, 예수, 그리스도가 그것이다. '주'란 고백은 나는 예수 그리스도의 종이라는 뜻이다. '예수'는 구원자라는 뜻이며 하나님께서 지어 주신 이름이다. '그리스도'는 기름부음을 받은 자를 말한다. 제사장, 선지자, 왕을 세울 때에 기름을 부었는데 이는 성령의 임재를 상징한다. 위의 세 직분은 하나님과 사람 사이의 중간 역할자이다. 예수님은 그리스도 곧 제사장으로 우리 죄 문제를 해결하신 분이시다. 선지자로 하나님의 말씀 자체시며 또한 그 말씀을 우리에게 알려 주시는 분이시다. 영원한 왕이시며 왕으로 의의 통치, 평화의 통치를 하신다.

성자의 출생을 고백하는데 성령으로 잉태되었기에(마 1 : 20-23) 예수님은 원죄가 없으시며, 동정녀 마리아에게서 나셨다(사 7 : 14, 마 1 : 22-23). 즉, 하나님께서 사람이 되신 것이다. 구약의 예언이 이루어진 것이다.

성자의 고난과 죽음을 고백한다. 예수님은 본디오 빌라도에게 고난을 받으셨다(마 27장, 눅 23장, 요 18-19장). 로마는 법치를 자랑했지만 불법으로 의인을 죽였다. 그러나 이것은 성경에서 미리 말씀하신 것이 이루어진 것이다. 예수님은 십자가에 못 박혀 가장 극악한 죄인으로 죽으셨다. 죽은 몸은 장사되어 무덤에 들어갔고 돌문으로 막아 두었다. 완전한 육체의 죽음이다.

성자의 부활을 고백한다. 예수님은 죽은 자 가운데서 다시 살아나셨다. 이로써 대속의 죽음이었음이 입증되었다. 죄와 죽음과 사탄의 권세를 깨뜨리고 승리하셨다. 모든 믿는 자들의 부활의 첫 열매가 되심으로 신자에게 부활 소망을 갖게 하셨다.

성자의 승천을 고백한다. 사명을 마치시고 하늘로 올라가 하나님의 우편에 앉으셨다. 약속하신 대로 성령을 보내셨다. 성령으로 성도와 함께 하신다. 그곳에서 중보의 사역을 계속하신다. 땅 위에 있는 교회를 돌보신다.

성자의 재림을 고백한다. 산 자와 죽은 자를 심판하러 다시 오실 것이다. 그 심판은 우주적이다. 오직 그리스도의 말씀을 듣고 하나님을 믿는 자들이 용서를 받는다. 예수 그리스도의 편에 선 자들을 영생으로, 그렇지 못한 자들을 영벌로 판결하신다.

셋째, 성령을 고백한다. 거룩한 공교회를 믿으며, 성도의 교제를 믿고, 죄를 용서받는 것과 몸의 부활과 영생을 믿는다.

이와 같이 사도신경은 삼위일체 하나님의 구원 역사를 총괄적으로 믿음을 고백한 것이다. 우리는 사도신경을 예배 시에 나의 믿음과 우리의 믿음으로 고백한다. 하나님께서는 나의 중심에서 나오는 이 고백을 아주 기뻐하신다. 이러한 우리 입으로의 고백이 이제는 우리의 삶으로 이어져야 할 것이다.

✝ 말씀 청종

1. 사도신경이란 '무엇'인가? 간단하게 답해 보자.

____

____

2. 사도신경을 '왜' 예배에서 고백해야 하는가? 그 이유를 각자의 신앙으로 이야기해 보자.

____

____

3. 사도신경을 입으로 뿐만 아니라 글로도 써 보자. 그리고 소감을 말해 보자.

6과
장로회 신조

오늘의 찬송 : 새 459장(통 514장), 새 449장(통 377장)

오늘의 말씀 : 골로새서 2 : 1–15

오늘의 기도

학습목표

① 대한예수교장로회 신조가 무엇인가를 알 수 있다.

② 장로교회의 특징을 발견하고 하나님의 예정하심과 구원의 도리를 느낄 수 있다.

③ 바른 교회생활로 신자의 본분을 다하고 더불어 모범된 항존직을 수행할 수 있다.

말씀 보기

1. '무엇 안에' 지혜와 지식의 모든 보화가 감추어져 있는가?(2–3절)

2. 그리스도 예수를 주로 믿은 사람은 이제 '어떻게' 하는 것이 옳은 것인가?(6–7절)

3. '무엇을' 주의함으로써 오직 그리스도를 좇는 삶을 살 것인가?(8절)

강의 듣기

1. 신조란 무엇인가?

신조(Creed)라는 단어는 라틴어 '내가 믿는다'(Credo)에서 유래되었다. 이 용어는 먼저 하나님에 대한 개인적인 신뢰를 의미하며, 그분에게 나의 삶을 맡긴다는 뜻이다. 또한 이 신조는 개인적인 경험을 구체적으로 고백하면서 신앙의 전통(Tradition)을 물려주는 것을 의미한다.

초대교회의 신조는 두 가지 의의를 지녔다. 첫째는 기독교 신앙으로 개종한 사람들을 가르치기 위한 것이었다. 마태복음 28 : 19-20에 "그러므로 너희는 가서 모든 민족을 제자로 삼아 아버지와 아들과 성령의 이름으로 세례를 베풀고 내가 너희에게 분부한 모든 것을 가르쳐 지키게 하라"고 한 것은 그리스도인으로 개종한 사람들에게 교회의 교리를 배우고 훈련받는 과정을 통해서 하나님에 대한 바른 신앙을 갖게 하라는 뜻이다. 둘째로, 교회의 신앙과 전통을 바르게 계승함으로 교인의 사명을 감당하게 하려는 데 있었다. 그래서 전자는 요리문답을 통하여 교육이 되었고, 후자는 신조를 통하여 신앙고백서를 갖게 하였다. 이와 같이 초대교회의 신조들은 진리를 가르치는 상징이었다.

2. 대한예수교장로회 신조

대한예수교장로회 신조는 다음과 같다.

1. 신구약성경은 하나님의 말씀이니 신앙과 행위에 대하여 정확 무오한 유일의 법칙이다.

2. 하나님은 한 분뿐이시니 오직 그만 경배할 것이다. 하나님은 신이시니 스스로 계시고, 아니 계신 곳이 없으시며 다른 신과 모든 물질과 구별하시며, 그의 존재와 지혜와 권능과 거룩하심과 공의와 인자하심과 사랑하심에 대하여 무한하시며 무궁하시며 변치 아니하신다.

3. 하나님의 본체에 삼위가 계시니 성부, 성자, 성령이시다. 이 삼위는 한 하나님이시다. 본체는 하나요 권능과 영광이 동등이시다.

4. 하나님은 모든 유형물과 무형물을 그 권능의 말씀으로 창조하사 보전하시고 주장하시나 결코 죄를 내신 이는 아니시다. 모든 것을 자기 뜻의 계획대로 행하시며 만유는 다 하나님의 선하시고 지혜로우시고 거룩하신 목적을 성취하도록 역사하신다.

5. 하나님이 사람을 지으시되 자기의 형상대로 지식과 의와 거룩하심으로 지으사 생물을 주관하게 하셨으니, 세상 모든 사람이 한 근원에서 났은즉 다 동포요 형제다.

6. 우리의 시조가 선악 간에 택할 자유가 있었는데 시험을 받아 하나님께 범죄하였다.

아담으로부터 보통 생육법에 의하여 출생하는 모든 사람들이 그의 안에서 그의 범죄에 참여하여 타락하였으니 사람의 원죄와 부패한 성품 외에 범죄할 가능성이 있는 자가 고의로 범죄하는 죄도 있은즉 모든 사람이 금세와 내세에 하나님의 공평한 진노와 형벌을 받는 것이 마땅하다.

7. 하나님이 인류의 죄와 부패함과 죄의 형벌에서 구원하시고 영생을 주시고자 하셔서 무한하신 사랑으로 그의 영원하신 독생자 주 예수 그리스도를 세상에 보내셨으니 그로만 하나님이 육신을 이루셨고 또 그로만 사람이 구원을

얻을 수 있다.

그 영원한 아들이 참사람이 되어 그 후로 한 위에 특수한 두 성품이 있으니 영원토록 참하나님이시며 참사람이시다.

성령의 권능으로 잉태하셔서 동정녀 마리아에게 났으되 오직 죄는 없는 분이시다.

죄인을 대신하여 하나님의 법을 완전히 복종하시고 몸을 드려 참되고 온전한 제물이 되어 하나님의 공의를 만족하게 하시며 사람으로 하여금 하나님과 화목하게 하시려고 십자가에 죽으시고 장사한 바 되었다가 주검에서 삼 일 만에 부활하사 하나님 우편에 앉아 계시고 그 백성을 위하여 기도하시다가 그곳으로부터 죽은 자를 다시 살리시고 세상을 심판하기 위하여 재림하신다.

8. 성부와 성자로부터 오신 성령이 사람으로 하여금 구원에 참여하게 하신다. 사람으로 하여금 죄와 비참을 깨닫게 하시며, 그의 마음을 밝혀 그리스도를 알게 하시고, 그 의지를 새롭게 하시고, 권하시며, 권능을 주셔서 복음을 값없이 주시겠다고 하신 예수 그리스도를 받게 하시며, 또 그 안에서 역사하여 모든 의의 열매를 맺게 하신다.

9. 하나님이 세상을 창조하시기 전에 그리스도 안에서 자기 백성을 택하셔서 사랑하시므로 그 앞에서 거룩하고 흠이 없게 하시고 그 기쁘신 뜻대로 저희를 미리 작정하셔서 예수 그리스도로 말미암아 자기의 아들을 삼으셨다. 그러므로 그 사랑하시는 아들 안에서 저희에게 후하게 주시는 은혜의 영광을 찬미하게 하려는 것이다. 그렇지만 오직 세상 모든 사람에게 대하여는 온전한 구원을 값없이 주시려고 명하시기를, 너희의 죄를 회개하고 주 예수 그리스도를 자기의 구주로 믿고 의지하여 본받으며 하나님의 나타내신 뜻을 복종하여 겸손하고 거룩하게 행하라 하셨으니 그리스도를 믿고 복종하는 자는 구원을 얻는다.

저희가 받은 바 특별한 유익은 의가 있게 하심과 양자가 되어 하나님의 자녀가 되게 하심과 성령의 감화로 거룩하게 하심과 영원한 영광이니 믿는 자는 이 세상에서도 구원 얻는 것을 확실히 알 수 있고 기뻐할 것이다. 성령이 직분을 행하실 때에 은혜를 베푸시는 방도는 특별히 성경과 성례와 기도이다.

10. 그리스도가 세우신 성례는 세례와 성찬이다.

세례는 물을 가지고 성부와 성자와 성령의 이름으로 씻음이니 우리가 그리스도와 합하는 표적과 인침인데 성령으로 거듭남과 새롭게 하심과 주께 속한 것임을 약속하는 것이다.

세례는 그리스도 안에서 신앙을 고백하는 자와 그들의 자녀들에게 베푸는 것이요, 성찬은 그리스도의 죽으심을 기념하여 떡과 잔에 참여하는 것이다. 이는 믿는 자와 그의 죽으심으로 인하여 얻은 유익을 인쳐 증거하는 표이다.

성찬은 주께서 오실 때까지 주의 백성이 행할 것이니 주를 믿고 그 속죄제를 의지함과 이로 인하여 나오는 유익을 받음과 더욱 주를 섬기기로 언약함과 주와 및 여러 교우로 더불어 교통하는 표이다.

성례의 유익은 성례 자체로 말미암음도 아니요, 성례를 베푸는 자의 덕으로 말미암음도 아니다. 다만 그리스도의 복 주심과 믿음으로써 성례를 받는 자 가운데 계신 성령의 역사하심에 있다.

11. 모든 신자의 본분은 입교하여 서로 교제하며, 그리스도의 성례와 기타 법례를 지키며, 주의 법을 복종하며, 항상 기도하며, 주일을 거룩하게 지키며, 주를 경배하기 위하여 함께 모여 주의 말씀으로 설교함을 자세히 들으며, 하나님이 저희로 하여금 풍성하게 하심을 따라 헌금하며, 그리스도의 마음과 동일한 마음을 서로 나타내며, 또한 일반 인류에게도 그와 같이 할 것이요, 그리스도의 나라가 온 세계에 확장하기 위하여 힘쓰며, 주께서 영광 가운데서 나타나심을 바라고 기다릴 것이다.

12. 죽은 자가 마지막 날에 부활함을 얻고 그리스도의 심판하시는 보좌 앞에서 이 세상에서 선악 간에 행한 바를 따라 보응을 받을 것이다. 그리스도를 믿고 복종한 자는 현저히 사함을 얻고 영광 중에 영접을 받을 것이다.

말씀 청종

1. 초대교회 신조의 두 가지 의의는 '무엇'이었는가?

   1) ______________________

   2) ______________________

2. 모든 신자의 본분은 '무엇'일까? 대한예수교장로회 신조 속에서 찾아보자.

   ____

   ____

3. 대한예수교장로회 신조를 공부하면서, 장로교회의 특징이 '무엇'이며, 성례에 임하는 자세가 '어떠하여야' 할 것인가에 대하여 서로 논의해 보자.

   ____

   ____

   ____

7과
요리문답

오늘의 찬송 : 새 546장(통 399장), 새 505장(통 268장)

오늘의 말씀 : 마태복음 28 : 16－20

오늘의 기도

학습목표

① 요리문답을 통하여 우리가 갖추어야 할 신앙의 지식을 바로 알 수 있다.

② 구원의 교리와 성도의 생활을 점검함으로써 신앙의 거룩성을 느낄 수 있다.

③ 이단을 분별하고 올바른 신앙을 세우는 항존직의 삶을 담당할 수 있다.

말씀 보기

1. 부활하신 예수를 뵈옵고 경배할 때, '어떤 이'가 섞여 있었는가?(17절)

2. 부활하신 예수께서 제자들에게, '무엇을' 가르쳐 지키게 하라고 명하셨는가?(20절)

3. 예수께서는 '언제까지' 제자들과 항상 함께 있을 것이라고 약속하셨는가?(20절)

강의 듣기

1. 요리문답 형성개요

개신교에는 세 개의 중요한 요리문답이 있다. "루터의 요리문답", "하이델베르크 요리문답" 그리고 "웨스트민스터 대 · 소요리문답"이 그것이다. "루터의 요리문답"은 1529년에 만들어졌으며, "하이델베르크 요리문답"은 1563년에 작성되었지만, "웨스트민스터 대 · 소요리문답"은 1647년에 만들어졌다.

"웨스트민스터 대 · 소요리문답"은 영국의 개혁주의 장로교회의 전성기에 열렸던 웨스트민스터 총회(1643-1648년)에서 경건한 목사 120명과 장로 20명이 모여 기도하는 중에 성경말씀에 따라 만든 것이다. 이 총회 중에 만들어진 "요리문답"은 "웨스트민스터 신앙고백"과 함께 칼빈주의 교리의 가장 완숙한 표현이며, 개혁주의 신학의 집대성이라고 평가된다. 그러기에 영국의 리처드 백스터(R. Baxter) 목사는 이 "소요리문답"을 지칭해서 "가장 좋은 요리문답이며, 기독교 신앙과 교리에 대한 가장 훌륭한 요약이다."라고 극찬했다. 외국의 권위 있고 건전하게 발전해 왔던 교회들은 자녀를 완전한 신자로 만드는 데 이 요리문답을 교재로 하여 교리공부를 시켰다. 어떤 이는 "우리는 하나님의 영광을 위해 순수한 신앙에 대한 공적인 증거와 순수한 말씀 중심 교회의 일치성과 단일성을 보전하며, 신앙의 순수성을 보전하고 비진리와 이단의 확장을 배격하기 위해, 그리고 정통적 교회 내의 진리로 인정되어 온 바를 우리와 후대 자손에게 물려주기 위해 이 요리문답과 신앙고백을 필요로 한다."고 말했다.

현재 우리 헌법에 있는 요리문답은 이렇게 영국의 장기의회(1643-1648년)에서 채택된 웨스트민스터 소요리문답을 가리킨다. 우리나라의 초기 교회에서는 장로를 세울 때에 이 107개 문답의 모든 내용을 외우도록 하였으며, 제52회 총회(1967년)에서 교리로 채택하여 헌법에 수록하였다.

2. 요리문답의 주요 내용

요리문답은 문장이 아주 간결하고 핵심적으로 표현되어 있으며, 단계적으로 이해할 수 있게 되어 있는 훌륭한 교리서이다. 교인들에게, 특히 젊은 사람들의 성경연구와 신학연구에 도움을 주는 귀한 책(冊)임에 분명하다. 요리문답은 인간의 목적, 성경, 하나님, 예수 그리스도, 성령, 구원, 십계명, 성례, 기도, 주기도 등의 107개 문답내용으로 정리되어 있다. 전체적으로 질문과 답 형식으로 전개된다.

먼저 사람의 제일 되는 목적은 하나님을 영화롭게 하고 영원토록 그를 즐거워하는 것임을 말한다. 이는 사람이 하나님을 영화롭게 하지 못하면 그는 온전한 사람이 아니라는 뜻이다. 사람이 하나님을 영화롭게 하기 위해 주신 법칙이 성경인데, 성경 속에는 사람이 하나님을 공경하는 법, 하나님께서 사람에게 요구하시는 것들이 들어 있다.

그러면 하나님께서는 어떤 분이신가? 하나님에 관한 내용은 4-6문까지 나오며, 다음에 하나님의 예정에 대한 두 가지 질문과 답이 있다. 여기에서는 하나님께서 예정을 실행하실 때에 창조와 섭리로 하심을 밝힌다. 하나님의 섭리에 관하여 선악을 알게 하는 나무를 에덴동산에 두고 법칙을 정한 것과 우리 시조가 에덴동산에서 타고난 신분을 계속 유지하지 못한 것을 설명한다. 자유의지를 잘못 사용한 것이다. 그 결과 타락하고 말았다. 그것이 곧 죄다. 시조가 타락한 영향이 왜 후손들에게 미치는가에 대해 간단명료하게 설명한다. 하나님과 아담 사이에 맺어진 언약이 그 후손을 위한 것이기에 타락도 함께한 것이다. 타락이 인류를 죄와 비참한 상태에 빠뜨리고 말았다. 사람은 이로 인해 아담의 첫 죄의 허물, 의의 결핍, 본 성품 전체의 부패에 빠졌다. 그리고 그것으로부터 나오는 모든 실제적 범죄가 모든 사람에게 다 있다. 사람은 죄로 인해 하나님과의 교제를 잃었고, 진노와 저주 아래에 놓였다. 따라서 사람은 이 세상을 비참하게 살아야 하고, 죽게 되고, 지옥의 영원한 고통을 받게 된다.

하나님께서는 사람을 죄와 비참한 상태에서 건져 내기로 작정하시고 하나님의 영원한 아들 예수님을 구속자로 정하여 이 세상에 보내셨다. 예수님은 영원한 하나님이시며, 또한 영원한 사람이 되시려고 동정녀 마리아에게 성령으로 잉태되어 이 세상에 오셨다. 그러므로 원죄가 없다. 예수님은 낮아지시고 높아지신 두 상태에서 구속자의 임무를 수행하신다. 구속자의 임무는 예언자, 제사장, 왕의 직책을 감당하심이다.

중요한 것은 우리가 그리스도께서 값 주고 사신 구속에 참여하는 자가 되는 것이다. 그 길은 성령의 역사로 가능하다. 죄인을 불러 믿게 하시고 순종하게 하심으로 구원하신다. 부르심, 칭의, 하나님의 자녀 됨, 거룩하게 하심, 이에 따른 모든 혜택을 받게 하신다. 이로써 하나님의 사랑에 대한 확신, 양심의 평온, 기쁨과 은혜의 증진, 견딤을 얻는다. 특히 신자가 죽을 때에 그 영혼이 완전히 거룩한 상태로 영광에 들어가고 육체는 묻힌다. 그리스도의 재림 때에 영광의 몸으로 부활하여 예비된 하나님의 나라에서 주님과 영원히 살게 된다.

이제 사람이 할 일이 있다. 사람은 하나님의 요구에 순종해야 한다. 그 요구사항은 십계명에 명시되어 있다. 이 계명은 도덕법이니 신약시대에도 유효하다. 십계명의 요지는 하나님을 사랑하고 사람을 사랑하는 것이다. 십계명에 대한 내용은 41문에서 81문까지 길게 설명되고 있다. 각 계명의 내용, 요구하시는 사항, 금하는 사항, 첨부된 사항들을 취급한다. 문제는 사람이 이 계명을 스스로 완전히 지킬 수 없다는 것을 일깨우는 일이다. 십계명은 내가 죄인임을 깨닫게 하는 것이다. 중요한 것은 예수 그리스도의 구원 은총을 받는 것이다.

구원 은총을 입는 길 가운데 첫째가 생명에 이르는 회개이다. 다음은 외형적 요소들로 말씀과 성례전과 기도를 통해서이다. 말씀을 통해 죄를 깨닫고 회개하고, 거룩하게 되고, 위로와 평안을 받는다. 이것은 기록된 말씀, 선포된 말씀을 읽고 듣고 믿음으로 된다. 이로써 마침내 구원에 이르게 된다. 따라서 신자는 말씀에 열중하고, 믿음과 사랑으로 용납하고, 마음에 간직하고 실천해야 한다.

성례는 구원 은총을 입는 통로 가운데 하나이다. 성례 자체에 그러한 능력이 있는 것은 아니다. 성례 집례자의 덕에서 오는 것도 아니다. 다만 그리스도의 은총과 성령의 역사에 의한 것이다. 따라서 성례를 집행하거나 참여할 때에 성령의 역사를 구하고 의지해야 한다. 성례는 그리스도께서 제정해 주신 세례와 성찬예식을 말한다.

세례는 성부 · 성자 · 성령의 이름으로 물로 씻는 예식이다. 손에 묻은 더러운 것이나 옷에 묻은 더러운 것은 물로 씻어진다. 하지만 더러워진 양심은 물로 씻어지지 않는다. 그럼에도 세례를 받는 것은 그리스도의 십자가 보혈로 이미 씻음 받았음을 확증하기 위해서다. 세례를 받음으로 그리스도께 접붙인 바 되었으며, 은혜의 언약에 들어감과 내가 주 예수 그리스도의 것임을 표시하는 증표가 되는 것이다. 따라서 세례는 그리스도에 대한 믿음과 복종을 고백한 자에게 베푼다. 그리고 신자의 자녀에게 세례를 베푼다.

성찬은 예수님의 죽으심과 그로 인한 나의 살아남을 기념하는 예식이다. 주 예수께서 나의 죄로 인해 십자가에서 살을 찢기신 것과 피 흘리신 일을 기념한다. 성찬에 참여함으로 주의 죽으심과 살아나심에 함께 참여하는 것이다. 따라서 성찬에 합당하게 참여해야 한다. 주의 몸과 피를 분간해야 한다. 주의 죽으심의 의미와 효과를 믿어야 한다. 나의 죄를 회개하고, 사랑과 복종을 결단해야 한다. 성찬은 오직 세례를 받은 사람만이 참여하는 것이다. 주께 대한 죄스러운 마음, 그 은혜에 감사한 마음, 은혜에 보답하려는 마음을 가져야 한다.

기도 역시 구원의 효과적인 방편이 된다. 기도의 정의는 많다. 우선 내 소원을 하나님께 아뢰는 것이다. 죄를 고백하고, 그리스도의 자비를 감사한 마음으로 인정한다. 하나님의 뜻에 맞는 것들을 그리스도의 이름으로 아뢰는 것이다. 기도는 은사 이전에 훈련이다. 훈련이라 함은 배워야 할 수 있다는 것이다. 예수님은 이렇게 기도하라고 가르쳐 주셨는데 그것이 주기도문이다. 요리문답은 100－107문에서 주기도문을 설명함으로 끝을 맺는다.

최근 들어 이단이나, 사이비 종파의 교리에 현혹되어 교회를 떠나는 성도들이 늘어나고, 이단의 교회 내 침투로 교회가 붕괴되고 어려워지는 현상들이 눈에 띄게 증가했다. 바르게 잘 정리된 교리교육을 통해 이단을 분별하고 건강한 교회를 세워 가도록 노력하는 것이 무엇보다 중요하다.

말씀 청종

1. 요리문답(웨스트민스터 소요리문답)의 의의는 '무엇'이겠는가? 리처드 백스터 목사의 말로서 그 의의를 요약해 보자.

2. 요리문답의 내용을 공부하면서 얻어지는 유익함을 서로 발표해 보고, 발표한 것들을 각자 종합하여 기록해 보자.

3. 헌법책을 구하여 "요리문답" 전부를 오늘부터 두 주간에 걸쳐서 가족에게 반드시 가르쳐 보자. (※「헌법」, 한국장로교출판사)

8과
21세기 대한예수교장로회 신앙고백서

오늘의 찬송 : 새 8장(통 9장), 새 463장(통 518장)

오늘의 말씀 : 요한1서 4 : 1－6

오늘의 기도

학습목표

① 21세기 대한예수교장로회 신앙고백서가 무엇인가를 알 수 있다.

② 21세기 상황에 대응하는 신앙과 신학을 표명하고 고백할 수 있다.

③ 신앙과 생활이 유리되지 않고, 시대적 사명을 감당하는 항존직으로 살아갈 수 있다.

말씀 보기

1. 영을 다 믿지 말고 분별해야 하는 이유는 무엇인가?(1절)

2. 하나님께 속한 것과 하나님께 속하지 않은 것은 어떻게 구별하는가?(2-3절)

3. 하나님께 속한 자들의 말을 삼가 귀담아 들어야 할 이유는 무엇인가?(6절)

† 강의 듣기

1. 21세기 대한예수교장로회 신앙고백서 형성배경

오늘날 과학기술의 발달과 정치, 사회, 문화, 환경의 변화가 급속하게 일어나고 있다. 시장경제 원리(신자유주의)의 지구화와 기술과학의 지구화, 특히 지식정보화와 정보기술(information technology)의 혁명 및 인간복제를 포함한 생명공학의 발달과 사이버 세계의 확산으로, 북반구와 남반구는 그 어느 때보다도 삶의 질에 있어서 괴리와 소외와 경제적, 문화적, 종교적 정체성 위기를 경험하고 있다. 나아가서 우리는 자연환경을 파괴하고 있고, 여기에 더하여 공동체를 해체시키는 개인주의, 보편적이고 객관적인 사도적 신앙내용을 거부하는 상대주의와 다원주의, 그리고 사유화되고 감성적 경험을 중요시하는 다원화 종교와 같은 '후기 근대주의'(post-modernism)의 부정적인 가치들에 직면하고 있다.

1997년 제82차 총회는 헌법(1. 교리와 신앙고백, 2. 정치, 3. 권징, 4. 예배와 예식)개정을 결의하였다. 교리와 신앙고백 분과위원회는 "21세기 한국장로교의 신앙과 신학의 방향"이라는 문서를 먼저 선보인 후 "21세기 대한예수교장로회 신앙고백서"와, 예배를 위해서 6항목으로 축약된 "예배용"을 작성하였다. 본 과에서는 "예배용"과 "우리의 사명"의 내용을 살펴보도록 한다.

2. 21세기 대한예수교장로회 신앙고백서(예배용)

1. 우리는, 성부, 성자, 성령 삼위로 거하시며, 사랑과 생명의 근원이시요, 찬양과 예배를 영원히 받으실 한 분 하나님을 믿습니다. 성부 하나님은 창조자이시고, 섭리자이시며, 구원자이시고, 온 인류와 만물을 영원한 사랑과 생명의 교제(코이노니아)로 부르시는 분이심을 믿습니다.

2. 우리는, 하나님의 선한 창조세계가 사단의 유혹을 받아 죄에 빠져 타락한 인간 때문에 파괴되고, 인간과 하나님과의 교제가 깨어졌음을 믿습니다. 그 결과로 인류와 다른 모든 피조물들은 영원한 하나님의 진노와 심판 아래 있음을 믿습니다.

3. 우리는, 하나님의 지혜와 말씀으로 영원히 거하시며, 성령님의 역사로 동정녀 마리아를 통하여 성육신하신 성자 예수 그리스도를 믿습니다. 예수님은 참하나님과 참인간으로서, 십자가에 달려 죽으시고 부활하심으로 인간과 모든 피조물을 구속하시고, 하나님과의 영원한 교제를 회복하신 화해자요 중보자이심을 믿습니다.

4. 우리는, 생명의 부여자이시며 성부와 함께 천지를 창조하시고 영원히 예배와 영광을 받으실 성령님을 믿습니다. 성령님은 복음에 대하여 믿음과 소망과 사랑으로 응답하게 하시며, 하나님과의 새로운 교제를 이루게 하시고, 만물을 새롭게 하시는 분이심을 믿습니다.

5. 우리는, 교회가 하나님의 백성이요, 이 세상에 현존하는 그리스도의 몸이요, 성령님의 전임을 믿으며, 성도의 교제 가운데 하나님이 임재하심을 믿습니다. 모든 그리스도인은 하나님의 나라를 이 땅 위에 실현하며, 하나님의 영광을 위하여 예수 그리스도의 성육신의 삶을 실현하고, 복음전도와 정의, 평화, 창조보전의 사명을 받았음을 믿습니다.

6. 우리는, 예수 그리스도의 재림으로 새 하늘과 새 땅이 이루어질 것을 믿습니다. 그 세계는 부활한 하나님의 백성과 새롭게 된 만물이 하나님을 예배하며, 사랑과 생명의 교제를 나누는 영원한 나라가 될 것을 믿습니다.

3. 우리의 사명

1. 우리는 교회가 하나임을 선포한다. 삼위일체 되신 성부, 성자, 성령께서 나뉠 수 없는 한 분 하나님이신 것처럼, 하나님의 백성이요, 그리스도의 몸이요, 성령의 전인 교회는 하나가 되어 삼위일체 하나님께 예배하고, 영광을 돌리며, 복음선교에 힘쓴다.

2. 우리는 사도적 복음과, 사도신경과 니케아-콘스탄티노플 신조에 나타난 삼위일체 하나님을 포함한 사도적 신앙을 공유하고 있는 모든 교회들과 더불어 함께 예배하고, 세례와 성찬과 직제에 있어서 일치를 추구하며, 협의를 통한 교제와 공동의 결의와 공동의 가르침을 지향하고, 나아가서 선교와 사회봉사에 함께 참여한다.

3. 우리는 인간과 모든 나머지 피조물들이 하나님과 영원한 교제를 누릴 새 하늘과 새 땅을 소망한다. 그러나 우리는 이 땅 위에 공의와 사랑이 강같이 흐르는 사회를 건설해야 하고, 하나님의 복음으로 정치, 경제, 사회, 문화를 변혁시키며, 나아가서 자연을 보전하여 하나님의 영광으로 가득한 세상을 만들어 가야 한다. 교회는 세상 속에 있으면서도 세상에 물들거나 세상 속에 용해되어서는 안 되고, 오직 복음과 하나님 나라의 가치를 따라 항상 자기 개혁에 힘써야 한다.

4. 우리는 시장경제와 과학과 기술의 지구화, 특히 정보기술의 혁명으로 민족적 문화적 정체성이 위기에 직면한 나라와 민족들, 비인간화되어 가는 수많은 대중들, 착취되고 파괴되어 가고 있는 자연세계, 인간을 착취하는 구조악들을 사도적 신앙으로 변혁시켜 하나님의 나라를 건설해야 할 사명을 가진다.

말씀 청종

1. 시대에 맞게 신앙고백이 새롭게 재정(再整)되는 이유는 무엇인가?

2. 21세기 대한예수교장로회 신앙고백에서 교회의 역할은 무엇인가?

3. 21세기 대한예수교장로회 신앙고백을 통하여 신앙을 지켜 갈 뿐 아니라 오늘의 현실을 직시하여 반드시 변화를 이루어야 할 사명은 무엇인지 함께 논의해 보자.

04

교회론

빠르게 변화하고 있는 이 시대는 우리에게 여러 가지 도전과 변화를 요구한다. 그렇다면 이러한 시대에 교회공동체와 그리스도인은 어떻게 대처해 나가야 할 것인가? 여기에 바른 교회론을 확립하고 교회의 역할을 알아야 할 이유가 있다.

먼저 교회로 하여금 교회답게 하는 것이 필요할 것이다. 따라서 우리는 교회의 본질과 사명을 우선 명확하게 확립해야 한다. 이를 위해서 성경에 나오는 교회관과 종교개혁자들의 교회론을 알아볼 것이다. 그리고 교회의 사명을 살펴 교회가 세상과 역사 속에서 개혁의 중심세력이 되어야 하는 이유를 알아보고자 한다. 다음으로 우리는 교회와 국가 사이의 관계를 알아보려고 한다. 왜냐하면 그리스도인이 현실적으로 살아가는 삶의 현장이 국가이기 때문이다. 여기에는 국가에 대한 적절한 견제와 협력이 필요할 것이다.

교회는 일반 문화와의 관계정립에도 노력해야 한다. 따라서 우리는 성경에 나오는 문화관을 먼저 살펴야 한다. 또한 교회가 사회 속에서 기독교 문화를 형성하고 필요한 역할을 찾는 데 힘을 기울여야 한다. 이를 위해서 '그리스도와 문화'라는 관점을 중심으로 해결방법들을 모색하고자 한다. 이것은 문화 창조와 섬김의 구체화로서 봉사라는 모습으로 나타나게 된다. 그밖에도 교회행정은 조직체로서의 교회를 위해서 반드시 필요한 것이다. 지도력과 관리와 경영이 여기에서의 핵심적인 업무이다. 이것은 평신도의 역할이 더욱 요청되는 현대사회 속에서 사람 세우기로 연결된다. 그러므로 현대교회도 그리스도인 각자의 은사에 적합한 은사배치 사역과 제자양육과 같은 훈련이 필요할 것이다.

9과
교회의 본질과 사명

오늘의 찬송 : 새 502장(통 259장), 새 516장(통 265장)

오늘의 말씀 : 마태복음 28 : 18–20, 에베소서 4 : 3–12, 5 : 23

오늘의 기도

학습목표

① 교회의 본질이 무엇인지 성경에 근거해서 바르게 정의를 내리며, 역사적으로 교회가 어떻게 발전했는지를 알 수 있다.

② 오늘의 시대적 상황을 직시하면서 교회가 지향해야 할 사명을 구체적으로 느낄 수 있다.

③ 우리 교단이 지향하는 바른 교회공동체의 모습으로 살아갈 수 있다.

말씀 보기

1. 교회란 무엇인가? 아는 대로 답해 보자(엡 4 : 4, 5 : 23).

2. 마태복음에 나타난 교회의 사명은 무엇인가?(마 28 : 18–20)

3. 교회 안의 봉사하는 직분에는 무엇이 있는가?(엡 4 : 11–12)

강의 듣기

현재의 신앙풍조 중에서 가장 큰 문제점은 교회의 중요성이 점점 약해져 가고 있다는 사실이다. 교회는 하나님의 부르심을 받은 사람들의 모임이요, 하나님께서 자기 피로 사셔서 세우신 구원의 기관(행 20 : 28)임을 기억할 때 교회의 중요성은 아무리 강조해도 지나치지 않을 것이다.

또한 교회의 항존직들이 어떠한 교회관을 가지고 있느냐 하는 것은 매우 중요하다. 이들이 교회관을 바로 세워야 교회를 바르게 섬길 수 있다. 따라서 사도들과 개혁자들의 전승을 이어 가는 개혁교회의 정체성에 대해서 분명하게 정의를 내려야 할 것이며, 또한 성경에 나타난 교회의 본질이 무엇인지 바르게 규명해야 할 것이다.

교회는 시대적 상황 속에서 하나님의 구원역사를 수행하는 독특한 사명을 감당해 왔다. 따라서 오늘의 시점에서 교회의 사명에 대해서 분명하게 정리할 필요가 있다(더 깊은 연구는 곽선희. 「교회의 권세 상 · 하」〈서울 : 계명문화사〉, 김균진. 「기독교조직신학 Ⅳ」〈서울 : 연세대학교출판부〉, 이종성. 「교회론 Ⅰ · Ⅱ」〈서울 : 대한기독교출판사〉를 참고).

1. 교회의 본질

교회의 본질을 바르게 이해하기 위해서는 먼저 구약의 맥락에서 하나님께서 우리에게 보여 주신 교회의 예표적인 모형을 생각하는 것이 중요하다. 그런 후에 신약성경에 근거해서 교회의 본질을 살펴보고, 이러한 교회관이 종교개혁자들에게서 어떻게 발전했는지 정리해 봄으로 교회의 정체성과 뿌리를 바로 알게 될 것이다.

교회의 예표적 모형을 살펴보면 다음과 같다. 여기에서는 교회의 특성을 잘 알 수 있도록 해야 할 것이다.

첫째, 노아의 방주(창 6 : 14-22)에서 보게 된다. 하나님께서 방주를 짓게 하신 목적이 물로 심판할 것을 대비해서 홍수로부터 구원받게 한 것이라고 볼 때 예수 그리스도의 십자가의 은혜에 기초해서 세워진 교회의 설립 목적과 매우 유사하다.

둘째, 도피성(민 35장)이다. 고의가 아닌 실수로 살인한 사람들을 피의 보복으로부터 보호하기 위하여 설치한 성읍으로 요단강 동편에 세 곳(베셀, 길르앗 라못, 바산 골란), 그리고 서편에 세 곳(헤브론, 세겜, 게데스)이 있었다(수 20 : 7-8). 이와 같이 교회는 영혼의 피난처이다.

셋째, 성막/예루살렘 성전(출 26장, 왕상 6장)이다. 하나님께서는 우리의 죄를 대속하시기 위해서 제사제도를 제정하시고 제사를 드리게 했으며, 또한 그의 거룩하신 이름을 두시기 위해서 성막(솔로몬 왕 때는 예루살렘 성전)을 짓게 하셨다. 제사는 단순히 하나님께 제물을 드리는 행위가 아니라 독생자 예수 그리스도께서 친히 제물이 되신 십자가의 사랑을 예표하는 것이며, 더 나아가 믿는 우리들과 함께하시는 하나님의 임재를 분명하게 계시하시는 교회의 모습을 보게 된다.

넷째, 회당이다. 회당의 기원은 정확하게 알 수는 없지만 유다가 멸망한 이후 성전 예배를 드릴 수 없게 되었을 때 자연스럽게 생긴 것으로 추정된다. 회당은 말씀을 가르치고 선포하며 기도하는 곳이었다. 이를 생각할 때 교회는 세상의 친목단체가 아닌 하나님의 말씀을 듣고 배우는 곳임을 깨닫게 된다.

다섯째, 광야생활(행 7 : 38, 광야교회라고 명함)이다. 이스라엘 백성들이 출애굽한 후 광야에서 공동체를 이루며 생활한 것을 스데반은 광야교회로 불렀다. 여기에서 우리는 경건을 훈련하고 우리의 잘못된 옛 사람을 벗어 버리는 성화의 과정이 곧 교회라는 것을 알 수 있다.

2. 교회의 정의

첫째, 교회는 하나님께서 택하신 백성들의 모임이다(벧전 2 : 9-10, 엡 2 : 19, 고후 6 : 18, 고전 1 : 2 등). 그리고 교회는 건물이나 제도 또는 기구가 아니라 하나님의 택하심을 받은 사람들의 모임임을 기억해야 한다. 따라서 교회에서 중요한 것은 사람이요, 직분자이다.

둘째, 교회는 그리스도의 몸이다. 이는 곧 교회의 머리는 예수 그리스도라는 뜻이요, 교회가 그리스도 안에서 한 몸을 이룬 공동체임을 뜻한다(골 1 : 18, 고전 3 : 11, 엡 5 : 30, 고전 10 : 16-17 등).

셋째, 교회는 성령의 인도를 받는다. 교회는 오순절 성령강림사건과 더불어서 시작되었다. 따라서 성령의 인도와 그 능력 안에 교회가 있다. 이것을 정리하면 다음과 같다. 즉, 교회는 세상과 구별되는 영적 공동체(고전 2 : 13-14)이고, 교회는 성령에 의해 지어져 가는 공동체(엡 2 : 21-22)이다. 또한 교회는 성령의 은사의 공동체(고전 12 : 4-11, 롬 12 : 6-8)이자, 성령의 일을 행하는 공동체(사랑의 일, 진리를 전하는 것)인 것이다.

3. 개혁자들과 본 교단의 교회관

1) 루터의 교회관

루터는 교회의 본질적 요소를 세례, 성만찬, 복음 설교로 보았으며, 그의 교회관은 1530년 "아우구스부르크 신앙고백서"에서 다음과 같이 정리되었다.

"교회란 복음이 순수하게 설교되고 복음에 따라서 성례전이 집례되는 모든 성도의 회중이다. 복음이 순수하게 이해되는 가운데 설교되어지고 하나님의 말씀에 따라 성례전이 베풀어지는 것은 교회의 참된 일치를 위하여 충분하다"(엡 4 : 4-5 참고).

2) 웨스트민스터 신앙고백의 교회(25장)

보편적이고 우주적인 교회는 불가견적이다. 이 교회는 과거나 현재나 미래에 있어서 머리 되시는 그리스도를 중심하여 모이는 택함을 받은 모든 사람들로 말미암아 구성된다. 그것은 그리스도의 신부요, 그의 몸이며, 만물 안에서 만물을 충만케 하시는 자의 충만함이다(엡 1 : 10, 22-23, 5 : 23, 27, 골 1 : 18).

3) 예장 통합교단의 헌법의 교회(2장 7조)

하나님이 만민 중에서 자기 백성을 택하여 그들로 무한하신 은혜와 지혜를 나타내신다. 이 무리가 하나님의 집(딤전 3 : 15)이요, 그리스도의 몸(엡 1 : 23)이며, 성령의 전(고전 3 : 16)이다. 이 무리는 과거, 현재, 미래에 있는 성도들인데 이를 가리켜 거룩한 공회 곧 교회라 한다.

4. 교회의 사명

1) 수직적 차원에서 본 교회의 사명(하나님과 나와의 관계)

주일성수 및 예배, 복음 전도, 말씀 교육, 감사의 삶 등을 살아냄으로써 하나님과 나와의 관계를 올바로 정립하여 하나님의 성전으로서의 나 자신을 잘 세워 가도록 한다.

2) 세상과 역사 속에서의 교회의 사명

가난한 자에 대한 사랑(구제), 이 땅에 하나님의 정의(正義)를 실현하는 것, 형제애에 기초한 공동체를 만드는 친교, 이 땅에 평화를 세우는 일 등이 속한다.

말씀 청종

1. 교회의 본질과 사명을 생각할 때 우리 교회가 잘하고 있는 사역과 보완해야 할 사역을 구체적으로 함께 토론해 보자.

____

____

2. 미래교회를 향하여 도전하는 현상들을 예측해 보고 대안을 제시해 보자.

____

____

3. 하나님께서 자신에게 주신 교회에 봉사할 만한 은사를 기록해 보자. 그리고 옆 사람들의 은사도 알아보고, 교회를 든든히 세워 가는 데 필요한 것들을 함께 토론해 보자.

1) ______________________________________

2) ______________________________________

3) ______________________________________

4) ______________________________________

10과
교회와 국가

오늘의 찬송 : 새 582장(통 261장), 새 581장

오늘의 말씀 : 에베소서 1 : 20–22, 시편 2 : 10–12, 요한계시록 11 : 15

오늘의 기도

학습목표

① 교회와 국가의 관계를 바르게 알 수 있다.

② 하나님의 나라를 구현하는 교회의 사명을 느낄 수 있다.

③ 하나님의 나라를 구현하는 삶에 동참할 수 있다.

말씀 보기

1. 에베소서에 의하면 만물을 복종하게 하는 하나님의 능력이 누구 안에서 역사하는가?(엡 1 : 20–22)

2. 하나님께 지혜를 얻고 교훈을 받아야 하는 대상은 누구인가?(시 2 : 10–12)

3. 요한계시록 11 : 15을 암송하고 묵상해 보자.

강의 듣기

그리스도인이 하나님과의 관계만을 중요하게 생각하며 인간 상호관계 내지는 그가 속한 사회, 국가, 제도 등에 대하여 눈을 감아 버리고 귀를 막아 버리는 것은 결코 용납할 수 없는 일이다.

예를 들면, 존 번연의 「천로역정」에는 그 주인공이 귀를 막고 생명만을 부르짖으며 천성을 향해 달려가는 장면이 나온다. 귀를 막는 것은 저주스런 세속 소리와 처자식의 아우성을 따돌리기 위한 것이었다. 여기서 우리는 장망성(將亡城)에 해당한다는 사회와 국가를 등지고 자신의 구원만을 부르짖으며 하늘을 향해 달려가는 사나이의 모습을 본다. 이처럼 성(聖)과 속(俗)을 갈라야 한다는 그리스도인이 지금도 정치와 종교는 분리되어야 한다고 목소리를 높이고 있다. 장애물이 바로 여기에 있다.

이스라엘은 원래 신정정치였으므로 하나님께서 국가를 지도하셨고, 군왕을 세우거나 폐위하기도 하셨다. 하나님께서 사무엘을 통하여 사울을 왕으로 세웠다가 다시 이를 물리고 다윗을 왕으로 세우신 것을 알고 있을 것이다. 로마제국 초기에는 교회가 국가의 억압을 받았으나 4세기에 이르러 국교가 되면서 신성 로마제국으로 변하게 되었다. 교회는 결국 세계 국가의 머리가 되었고, 국가의 행정기구도 교회를 따르게 되었으며, 교회는 국가에 관리를 제공하고 사회에 지도자를 배출하여 모든 중세생활이 교회를 떠나서는 영위될 수 없었다. 즉, 중세의 국가는 교회 국가였다.

이와 같은 교회 우위의 관계가 종교개혁 이후에 정반대가 되고 말았다. 르네상스와 종교개혁은 개인주의 사상을 발전시켰고, 그것이 정치적 자유주의로 발전하여 민주주의의 근간이 되었다. 신앙은 개인의 자유의사에 맡길 일이지 정치적 방법으로 좌지우지할 수 없다고 생각하게 된 것이다. 즉, 지금까지의 정치와 종교의 우위다툼에서 이제는 양자가 각자의 분야에서 타협하게 되어 상대적, 긍정적인 태도를 취하며 일정한 한계 내에서 서로 존중히 여기게 된 것이다. 이것을 정교의 분리라고 하는데 대부분의 민주국가가 이 원칙을 고수하고 있다.

1. 예수님의 국가관

예수님의 국가관을 알려면 먼저 마가복음 12 : 17의 "가이사의 것은 가이사에게, 하나님의 것은 하나님께 바치라"는 말씀에 주의를 기울여야 할 것이다. 이 말씀을 하신 상황은 마가복음 12 : 13 이하에 분명히 나타나 있다. 예수님은 신적 권위와 로마제국의 권위 사이에 충돌을 일으키려는 반대자들의 악의에 찬 질문에 대답하시며, 무의미한 논쟁을 피하려는 태도를 취하셨다. 반대자들은 예수께서 신적 권위를 강조한 나머지 반로마주의자적인 발언을 할 것을 기대하고 있었다. 또한 로마 정부에 세금을 바치는 것이 가하냐고 물어서 예수님을 궁지에 몰아넣으려고 하였다. 예수님은 질문의 화살을 돌려 로마 정부에 속하는 화폐는 마땅히 로마에 돌려야 할 것이라고 대답하셨다. 여기에서 예수님은 신정정치를 부인하시지도 않았으며 로마 정권과 모순되는 것을 인정하시지도 않았다.

이 간단한 대답 속에 예수님의 입장과 진의가 암시되어 있다.

1) 신정정치를 부정하지 않음과 동시에 로마제국의 지상국가로서의 존립을 승인하고, 또 그 지배하에 있는 자의 납세 의무를 강조하신다.

2) 그러나 로마의 통치권이 신의 절대적 권위를 침범하는 것은 용납되지 않는다. 신적 권위가 충분히 존중되는 전제 조건하에 로마의 주권도 인정할 뿐 아니라 마태복음 17 : 25-27에 의하면 "그들이 실족하지 않게 하기 위하여" 자유로운 의사대로 왕에게 납세할 것을 강조하신다. 예수님은 결코 로마 정부에 반대하거나 충돌하는 것을 원치 않으셨다.

3) 그러나 이 경우에 "하나님의 것은 어떤 범위를 포함하는가?" 하는 점에 있어서 그 개념이 명확하게 한정되어 있지는 않다.

예수님은 일반적으로 지상의 정치적 지배 관계에 대하여 무관심하지 않았다고 하더라도 거기에 중점을 두시기보다는 오히려 초지상적인 하나님의 나라에 중점을 기울이고 그 나라를 가치의 기준으로 삼으신 것이 분명하다.

2. 바울의 국가관

바울은 로마서 13 : 1-2에서 "각 사람은 위에 있는 권세들에게 복종하라 권세는 하나님으로부터 나지 않음이 없나니 모든 권세는 다 하나님께서 정하신 바라 그러므로 권세를 거스르는 자는 하나님의 명을 거스름이니 거스르는 자들은 심판을 자취하리라"라고 하였다. 그는 로마제국과 그 주권자가 신의 경륜을 따라 권위를 받는 것으로 여기고, 이에 복종하는 것도 반드시 신의 경륜에 따르는 것이며, 이에 반역하는 자는 신의 뜻을 거역하는 것이라 했다. 이 기본적 사상이 정치에 대한 그의 입장을 제정하였다.

그는 먼저 로마제국과 그 주권이 신의 정하심인 것을 전제로 하고, 그런 의미에서 '위에 있는 권세'라 부르고 이것을 하나님께서 세우신 바라 하였다. 이 규정에 따라서 그의 국가적 권위에 관한 견해가 표명된 것이다. 세속적 권위는 신적 질서로 나타날 때 비로소 존재의 의미를 가진다는 사상이 바울에 의하여 전파되어 후에 기독교 정치사상의 원리가 되었던 것이다.

여기서 주의할 점은 신적 기원(Divine Origin)으로서의 국가윤리설이다. 국가는 하나님에 의하여 세워지고 그 정하신 바를 따라야 한다. 하나님께서는 선하시기 때문에 국가도 선을 목적으로 해야 할 것이며, 주권자는 "하나님의 사역자가 되어 네게 선을 베푸는 자니라"(롬 13 : 4)라는 말씀대로 그 권력을 하나님의 뜻을 이루는 데 써야 할 것이다. 또한 "그가 공연히 칼을 가지지 아니하였으니 곧 하나님의 사역자가 되어 악을 행하는 자에게 진노하심을 따라 보응하는 자니라"(롬 13 : 4)라고 경계하고 있다. 즉, 국가의 성격은 법적으로 규정, 제약되는 것이다.

국가에 법적 성격이 있다고 하여도 국법은 그 권력으로서 국민을 강제하기 위한 수단이 아니고, 국민은 신적 질서를 따르는 자로서 오히려 도덕적으로 국가에 복종해야 할 것이며, 법률은 그 경우에 국민의 행동을 규정하는 잣대로 주어진 것이다. 그러므로 바울은 "그러므로 복종하지 아니할 수 없으니 진노 때문에 할 것이 아니라 양심을 따라 할 것이라"(롬 13 : 5)라고 하였다. 여기서 '진노'란 형벌로써 위협하는 권력을 말하며 국가에 대한 복종이 이러한 형벌의 두려움 때문에 따르는 것이 아니고 '양심을 따라', 즉 내적 양심의 인도에 따라 자유롭게 도덕적으로 따를 만한 복종이어야 할 것을 의미하는 것이다.

이러한 결단은 3.1운동 때에 종교인이 일본 군국주의에 항거한 역사와도 흡사한 것이다. 일본 제국주의의 침략을 신적 기구로서의 위의 권세로 볼 수 없었던 것이다.

3. 개혁교회의 국가관

개혁교회의 공통된 교리는 교회와 국가가 모두 하나님의 섭리 아래 있으면서 다른 목적을 갖고 있으며, 모든 점에 있어서 각기 독립되어 있다는 것이다. 교회의 회원들은 인간으로서의 국가의 회원이고 선량한 시민이어야 할 것이며, 국가의 회원들이 그리스도인이라면 교회의 법에 복종해야 할 것이다.

국가정부는 국민의 시민권을 보호하기 위한 신적 기관이다. 그러므로 국가정부는 국민의 신분과 재산에 관한 모든 문제에 대한 권리를 규정하고, 그 확인과 행사를 조절하며, 그 자체의 보전에 필요한 모든 수단을 제정할 권위를 신에게서 받았다.

교회는 인간을 구원하기 위한 신적 기관이다. 이 목적을 위하여 인간으로 하여금 진리를 알게 하며, 그 진리에 순종하게 하고, 그리스도를 공적으로 고백하고, 형제와의 교제를 가지며, 예언자적 성격을 구사해야 한다.

국가의 교회에 대한 의무는 무엇인가? 국가는 신적 기관이며, 그 관원들은 하나님의 사역자들이다(롬 13 : 1-4). 그리고 중보자이신 예수님은 만왕의 왕이요 만주의 주이시다(계 19 : 16, 엡 1 : 17-23). 그리고 성경은 모든 조건하의 모든 사람에게 신앙과 행위의 정확무오한 법칙이다. 그러므로 다음과 같이 정리할 수 있다.

1) 모든 나라는 그리스도가 최고의 통치자이며, 그의 계시된 뜻이 국가의 최고 기본법이며, 모든 법의 일반원칙이 된다는 것을 명백히 인정해야 한다.

2) 모든 국가 관원들은 하나님의 영광을 그들의 목적으로 삼고, 그의 계시된 뜻을 그들의 원리로 삼아야 할 것이다.

3) 기독교의 관리는 사회질서와 함께 경건을 세우도록 힘써야 할 것이다. 그런 의미에서 기독교의 주일성수를 침해하지 않고, 공립학교에서 자유로이 종교교육을 실시할 수 있도록 해야 한다.

그러면 국가에 대한 교회의 의무는 무엇인가?

첫째, 교회의 공공재산 위에 행사하는 법적 권위에 있어서 국가에 순종한다.

둘째, 교회는 복음을 전파하기 위하여 교회의 모든 합법적인 수단을 사용할 것이다.

이 외의 무엇이든 교회는 국가에 대하여 아무런 의무도 지지 않는다. 역사적으로 교회와 국가의 관계를 네 가지 유형으로 분류할 수 있다.

1) 교회가 국가를 지배하는 형태

2) 국가가 교회를 지배하는 형태

3) 교회와 국가가 분리되어 서로 충돌하며, 서로가 서로를 파괴하려는 형태

4) 교회와 국가 모두 하나님께서 세우신 두 제도로서 하나님의 영광을 위하여 각자가 임무를 수행하며, 관련 부분에서 서로 협조하고 상호 견제, 보필하는 형태

위의 네 가지 형태 중에서 네 번째가 가장 이상적인 것이다. 국가와 교회는

별개의 것이 아니다. 사람이 살다 보니 필요해서 국가가 생겼지, 국가가 먼저 서고 사람이 모여든 것이 아니다. 그런 의미에서 국가는 국민의 종이지 주인이 아니다. 그러므로 사람이 대접받지 못하는 나라는 하나님의 뜻에 합당한 기구가 될 수 있도록 계속해서 갱신해 가야 할 것이다.

예수께서 처음으로 하신 설교가 하나님 나라의 건설이며, 그 구체적인 작업으로 소경이 보며, 앉은뱅이가 걸으며, 한센병자가 깨끗함을 받고, 가난한 자가 제 몫을 받고, 갇힌 자가 놓임을 받는 일을 하셨다. 그 일이 지금도 우리의 손으로 이 땅 위에 전개되고 있으니 국가와 하나님 나라는 별개로 독립될 수 없다.

사람이 살기 좋은 나라를 건설하는 데 있어서는 국가나 종교가 그 목적이 다를 수가 없다. 다만 접근방법의 차이가 있을 때 교회와 국가 간에는 긴장관계가 발생하기도 한다. 그러므로 독실한 그리스도인이요, 성실한 직분자라 할 때 이는 곧 애국심으로 나타나야 할 것이다. 그 실체를 저 덴마크의 그룬트비에게서 볼 수 있고, 3.1운동에 참여한 기독교인에게서 볼 수 있다.

† 말씀 청종

1. 예수께서 전파하신 하나님의 나라는 정치 및 경제 권력을 넘어서는 나라이다. 그렇다면 교회는 국가와의 관계를 어떻게 유지해 가야 하겠는가?

2. 국가의 잘못된 모습에 대해서 그리스도인이 행할 수 있는 방법은 무엇인가?

3. 바람직한 교회와 국가의 관계에 대해 자신의 견해를 기록해 보자.

11과
교회와 문화

오늘의 찬송 : 새 475장(통 272장), 새 321장(통 351장)

오늘의 말씀 : 마태복음 5 : 13–16

오늘의 기도

학습목표

① 교회와 문화의 관계를 알 수 있다.

② 기독교 문화형성의 필요성을 느낄 수 있다.

③ 기독교 문화형성에 적극적으로 참여할 수 있다.

말씀 보기

1. 세상의 소금과 빛으로 살라는 명령을 누가 받고 있는가?(13절)

______

2. 마태복음에 나오는 '소금이 맛을 잃어버린다'는 것은 무슨 의미인가?(13절)

______

3. 세상의 빛은 무엇의 비유인가?(14–16절)

______

강의 듣기

먼저 일반적으로 '문화'를 이해할 필요가 있다. 그리고 교회와 문화의 상관관계를 설명하고 구체적으로 어떤 문화가 정립되는 것이 바람직한 일인가를 열거해 보겠다. 일반적으로 문화 이야기는 전문적인 분야에 종사하는 사람들을 위한 것이라는 오해가 있을 수 있다. 하지만 급변하는 세계 속에서 문화개념은 과거 소수의 특권층에서 지금은 누구나 누리고 참여할 수 있는 것으로 그 개념이 확장되었다. 가령 음식문화, 자동차문화, 공부문화, 신세대문화 등 분야가 넓어졌다.

그런데 교회 안에서 활동하고 있는 직분자들, 특히 항존직들은 신앙을 많이 강조하면서도 생활은 기독교와 동떨어진 사고방식과 삶을 영위하고 있는 경우가 많다. 왜냐하면 우리의 문화에 스며 있는 무속신앙과 불교문화, 유교문화의 영향을 무시하기 어려우며, 우리만의 기독교 문화를 형성하기 위한 노력도 부족하였다고 볼 수 있다. 어느 외국 저널리스트가 한국교회를 유심히 살핀 후 쓴 보고서에 따끔한 이야기를 남긴 적이 있었다. 그의 일침은 역시 문화에 관한 신랄한 비평이었다. 첫째 지적은 "한국의 교회에 가 보면 교인이 많은데 교회 밖에는 교인이 많지 않다."는 것이고, 둘째는 "한국교회 교인들이 머리에 쓴 모자는 기독교이지만 그 몸에는 유교나 무속적인 문화의 의복을 입고 있다."는 것이다. 아주 예리한 표현이다. 이제부터라도 우리들은 신앙과 생활의 일치를 이뤄 가는 데 힘써야겠다. 그리고 그 방법은 바람직한 기독교 문화를 형성하고 전파하는 데 있을 것이다.

1. 문화란 무엇인가?

국어사전을 찾아보면 문화란 "사람이 사회생활을 통해서 얻어지는 습관의 총체이다."라고 정의를 한다. 우리는 흔히 민족에 따라 유대문화, 로마문화, 헬라문화, 한국문화라고 부르는 말을 듣는다. 그뿐만 아니라 한국의 정치문화, 고3 교육문화, 먹거리문화 등 분야별로도 말할 수 있다. 문화라는 단어를 붙이면 적용되지 않는 분야가 없을 정도이다. 그만큼 문화의 개념이 확장된 것이다. 그런 점에서 보면 "역사란 문화의 전달이다."라고 할 수 있다. 그러므로 우리는 기독교 문화형성에 힘을 쏟아 모든 영역에서 하나님 나라의 빛이 드러나는 문화가 일어나도록 연구하며 노력해 가야 할 것이다.

2. 기독교 문화란 무엇을 말할까?

신학자 폴 틸리히(Paul Tillich)는 "종교란 문화의 실체요, 문화는 종교의 표현양식이다."라고 했다. 그런 맥락에서 기독교 문화를 정의해 본다면 기독교 문화란 기독교 복음 정신의 표현양식을 뜻한다고 말할 수 있다. 문제는 "문화로 이미 토착화된 곳에서 기독교 복음이 어떻게 상관관계를 맺으면서 기독교 문화가 형성되도록 하느냐?" 하는 것인데 이 점은 문화적인 면에서의 숙제라고 하겠다. 앞서 서양 저널리스트가 꼬집은 말처럼 우리나라 기독교인들에게서 기독교적인 문화의 냄새를 맡는 것이 교회 내에서만 가능하다는 점은 반성을 해야 한다. 아울러 각자의 머리에만 기독교인이라는 모자를 썼지, 삶 속에서는 도리어 봉건주의적인 유교 냄새와 토착화된 민속종교 문화의 냄새가 더 짙었다는 표현도 다시 한 번 생각해 볼 문제이다. 물론 수백 년의 역사를 이어 내려오는 서구인들의 기독교 문화와 비교해 보면 불과 1세기를 넘긴 우리의 기독교 문화는 매우 미약할 수밖에 없다고 생각된다. 문제는 한국 문화의 미래에서 기독교 문화가 얼마나 영향력을 발휘하느냐일 것이다.

그런 점에서 기독교 문화형성이란 결코 미국이나 유럽의 기독교 문화를 그대로 답습하는 것으로 만들어질 수는 없으며, 그래서 문화 상대주의는 이 땅에는 완전하고 절대적인 문화는 없고 다만 상대적인 문화만이 존재한다고 말한다. 오직 하나님께서만 절대적이시다. 그리고 기독교 문화의 핵심은 영원한 하나님의 아들 로고스(말씀)가 성육신(incarnation)하셔서 인간의 유한한 언어와 사고와 관습의 생활 속으로 들어오셨다는 사실에 있을 것이다.

3. 구약과 신약에서의 문화

구약의 문화는 어디까지나 히브리인들의 사회에서 생성된 문화라 할 수 있다. 히브리인들의 신앙은 아브라함으로부터 시작된다. 아브라함은 아람 사람이라고 신명기 26 : 5에 언급되고 있다. 아람 사람이란 시리아 사람이라는 말로 아브라함이 가나안 땅으로 이주하기 전에 살던 곳의 족속이다. 아브라함이 히브리 사람으로 호칭된 것은 가나안 땅으로 이주한 이후였고 결국 그는 선민의 조상이 되었다. 그 후 후손들이 애굽에서 400여 년간의 체류생활 끝에 한 민족으로 형성된 것이 히브리 민족이다. 이 히브리 민족은 유일신 여호와 하나님을 섬기고 시내산에서 하나님과 계약을 맺음으로 하나님의 거룩한 백성이 되었다.

구약에서의 문화를 말하려면 역시 히브리인들의 민족의식을 말하지 않을 수 없다. 히브리인들은 민족의식이 강했다. 그들은 이방문화를 그토록 많이 접하면서도 쉽게 그 문화에 동화되지 않았다. 그러므로 히브리인의 문화는 강한 민족문화라고 할 수 있다. 역시 구약문화는 하나님의 뜻과 하나님의 나라를 이루는 것에 그 목적이 있었다. 또한 하나님께서 원하시는 공의와 평등, 사랑을 이룩하는 것에 있었다.

신약의 문화를 살펴볼 때 예수님과 제자들이 유대인이었기에 유대문화와 무관하지 않다는 것을 발견하게 된다. 유대인들은 오랫동안 그들의 조국을 잃고 이방 땅에서 포로생활을 했으나 그들의 종교와 문화를 잃지 않고 지켰다. 그들은 자신의 언어를 지킴으로 그들의 글과 탈무드를 비롯한 문화형성을 이룰 수 있는 문학을 지닐 수 있었다.

예수님과 그의 제자들의 문화가 유대교의 관습과 일치하지 않는다는 충돌에서 우리는 색다른 문화적 갈등 같은 것도 엿볼 수 있으며 당시 로마의 통치하에 살아남은 역사를 통해서도 문화의 흐름을 찾을 수 있다. 신약의 문화 속에는 유대인 문화뿐만 아니라 헬라문화의 영향도 깊이 스며들어 있음을 발견할 수 있다. 이것은 사도 바울을 통해 이방과 많은 접목이 되었기 때문이다.

그리고 로마의 질서나 조직적인 법률체제와 관련이 있었던 것 또한 신약의 문화라고 할 수 있다.

4. 그리스도와 문화

리처드 니버가 쓴 「그리스도와 문화」에 보면 그리스도와 문화의 관계를 다섯 가지 유형의 방법론으로 서술하고 있다. 이것은 트뢸취의 유형연구에 영향을 받은 것으로 모든 문화와의 관계를 설명할 수는 없고, 중복되는 유형이 있을 수 있다는 한계가 있다. 하지만 기독교와 문화의 관계에 좋은 본보기를 주고 있기에 여기에 약술하고자 한다(자세한 것은 리처드 니버, 홍병룡·임성빈 역. 「그리스도와 문화」〈서울 : 한국기독학생회출판부〉를 참고).

1) 대립모델(Contrast-model) : 문화와 대립하는 그리스도(Christ Against Culture)

이 유형은 '이것이냐 저것이냐'의 결단이 요구된다. 성경적 근거는 요한1서 2 : 15의 이 세상을 사랑하지 말라는 데 바탕을 둔다. 여기서는 기독교와 문화의 관계가 피차 배타적이고 이율배반적이기 때문이다. 따라서 이 대립모델에서의 기독교는 타계주의 내지는 현실도피주의로 전락되기 쉬우며, 터툴리안, 중세의 수도원, 소종파운동, 톨스토이, 근본주의 기독교 및 신비주의가 이에 속한다고 본다.

2) 일치모델(Identical-model) : 문화에 속한 그리스도(Christ of Culture)

이 유형은 기독교와 문화 사이의 근본적 일치를 인정하는 입장이다. 여기에서는 강한 현세주의가 득세하게 되고, 하나님의 왕국이 인간의 지상왕국과 동일시되며, 하나님의 말씀은 인간의 도덕적 양심의 명령과 동일시된다. 이런 타입을 '문화종교'라고 부른다. 그러므로 이 모델에서의 그리스도는 인류의 철학과 사상사에 나타난 위대한 영웅이다. 19세기 자유주의 신학, 즉 문화 기독교주의에 의해 대표되는 이 유형은 복음의 초문화적 성격이 도외시됨으로써 기독교가 지니는 문화의 실체로서의 성격이 변모하게 된다.

3) 종합모델(Synthesis-model) : 문화 위에 있는 그리스도(Christ above Culture)

이 모델은 일치모델처럼 상호 간의 일치를 인정하면서도 그리스도의 불연속적인 위대한 비약을 주장한다. 즉, 복음이 문화를 초월한다는 입장을 전제하고 문화와 복음 가운데 어느 한쪽을 택하지 않고 양자의 화해를 시도한다는 점에서 온건한 입장이라고 할 수 있다. 그러나 이 종합모델은 인간의 행위 안에 내포된 선천적 부패성 및 근본악과 진지하게 대결하지 않고, 신의 은혜로부터 독립하여 그 자체의 이성적 신인식과 윤리성을 인정하는 전제 위에 서 있으므로 자칫 신인협동주의에 빠질 우려가 있다. 기독교의 독특성이 사라져 점진적 개량주의에 빠지기 쉬운 이 종합유형은 토마스 아퀴나스와 그를 따르던 추종자들에게서 볼 수 있다.

4) 역설모델(Paradox-model) : 문화와 역설적 관계에 있는 그리스도(Christ and Culture in Paradox)

루터주의에 의해 대표되는 이 유형은 문화와 복음의 관계를 양자 간에 서로 분리할 수 없는 긴장관계로 파악하는 입장이다. '양극성과 긴장성'을 인정한다는 점에서는 대립유형과 유사하나, 하나님에 대한 복종에 있어서 사회제도에 대한 복종을 전제로 하면 사회에 대한 충성과 사회의 심판자인 그리스도에 대한 충성을 동시에 요청한다는 점에 있어선 대립유형과는 또 다른 점이라 하겠다. 이 모델에서는 계시와 이성, 율법과 은혜, 창조주와 구속주, 하나님의 진노와 긍휼, 인간의 의와 하나님의 의의 긴장관계가 강조되어 부패와 타락이라는 불안정한 현실과 동시에 그리스도 안에 계시된 구속으로 말미암아 나타나게 될 새 하늘과 새 땅을 강조한다.

5) 변혁모델(Reform-model) : 문화를 변혁시키는 그리스도(Christ Transforming Culture)

이 모델은 앞의 네 가지 모델의 장점을 살린 사상으로서 복음의 문화 초월성과 동시에 복음의 문화 변혁성을 강조하고 있다. 이 모델은 세 가지 신학적 신념을 갖고 있는데, 첫째는 창조와 질서에 대한 강조이다. 이 모델은 창조의 질서를 인정함으로써 인간의 자연적 문화활동의 가능성을 긍정적으로 평가한다. 둘째는 인간의 본성과 문화를 전적으로 부패한 질서로 이해한다. 그러나 그 부패는 존재로서의 악이 아니라 전도로서의 악으로 인정한다. 셋째는 역사 안에서의 하나님의 구속행위를 인정한다. 역사의 종국에서나 기대되던 하나님의 통치가 이 변혁의 모델에서는 역사 안에서의 수행으로 가능하며 종말론적으로 미래는 곧 종말론적 현재가 된다는 것이다. 여기에서 바로 문화의 변혁과 창조라는 적극적인 가능성이 제시되는 것이다. 이 변혁모델의 구체적인 구조는 '규범지향성'과 '상황지향성'이다. '규범지향성'이라 함은 복음의 내용을 변형시키지 않고 항상 복음의 내용에 대한 문화적 적용을 음미하며 일치시키는 작업을 말하고, 반면에 '상황지향성'이라 함은 복음의 전달과 표현양식에 있어서 우리의 고유한 전통과 관습, 관계, 언어, 사고구조의 형식과 틀을 사용하는 작업을 말한다. 이 변혁모델 유형에는 바울, 요한의 사상과 어거스틴, 칼빈 등이 속한다고 할 수 있다.

5. 기독교 문화형성과 교회의 역할

이제 교회는 문화를 기독교 선교와 기독교 문화를 위한 도구로 삼아야 하겠다. 특히 한국교회는 이 땅에 기독교 문화가 건강하게 뿌리 내리도록 힘써야 하겠다. 각 분야별로 기독교 문화형성을 이루는 데 창의적이고 적극적인 참여가 필요하다.

1) 기독교 문학을 통하여

문학은 그 시대의 역사성에 바로 조명될 때 문화형성이라는 큰 역할을 할 수 있다. 서양의 경우를 보면 그들의 역사는 종교를 결코 배제하지 않았다. 서구 역사의 흐름은 기독교와의 관계 속에서 이루어졌다고 해도 과언이 아니다. 그래서 서양의 문화를 기독교 문화로 볼 수 있는 것이다. 이제는 한국에서도 우리의 문학관계자들이 기독교 문학을 보다 더 수준 높은 위치에 오르게 해야 한다고 본다. 우리나라에서도 성경과 찬송가만 해도 한국의 신문학 발전에 큰 기여를 했다고 평가되고 있다(현대문학에서 증명됨). 우리나라 문인들 중에는 크리스천들이 많은데 그들의 작품 중 기독교 정신에 접목되는 걸작을 기대해 볼 일이다. 또한 문학의 질이 약화될 때는 기독교 문인들이 도덕성이 있는 문학작품을 가치 있게 발표함으로 이 나라의 문화 창달에 기여할 수 있어야 하겠다.

2) 기독교 음악을 통하여

음악을 말하려면 교회음악을 빼놓을 수 없다. 아무리 음악을 다른 곳에서 연구해 보려고 해도 베토벤이나 모차르트, 바하를 빼놓을 수 없으며, 비신자라 할지라도 천지창조나 메시야 등 성경의 이야기를 벗어나서는 음악공부를 하기가 어렵다. 서양음악은 종교음악인데, 그것은 바로 교회음악과 관련이 있다. 음악은 대중을 바로 세우는 데 큰 역할을 한다. 그것이 곧 좋은 문화를 이루는 데 크나큰 기여가 되기 때문에 더욱 그러하다. 또한 CCM(현대 기독교 음악)이나 대중음악에 기독교가 영향을 줄 수 있는 방법도 연구되어야 하겠다.

3) 기독교 미술과 예술을 통하여

서양의 문화가 기독교의 영향을 크게 받은 데는 미술 분야도 무시할 수 없다. 미켈란젤로의 위대한 조각품과 예술품들은 인류사의 문화를 장식하였고, 레오나르도 다빈치의 '최후의 만찬' 등의 그림들이나 반 고흐, 피카소, 샤갈, 후앙 미로 등의 예술품은 그 가치가 대단하다. 우리나라의 음악이나 미술 같은 예술분야에서 이와 같은 영향을 끼친다면 보다 동적인 문화로 발전하여 더 나은 세계화의 기틀을 세울 수 있을 것이다(여기서 동적이란 일반문화를 움직인다는 뜻이다).

4) 생활문화를 기독교 문화로

"우리나라에 얼마나 기독교 문화가 정착되고 있는가?"라고 묻는다면 우리들의 일반 생활문화라 할 수 있는 '관혼상제'에서 그 정도를 찾아볼 수 있다. 상당수의 기독교인들조차도 말로는 기독교 진리를 강조하지만, 실상 자신과 관계된 가정에서의 혼사나 장례문화에서는 다른 문화의 형식을 아직도 따르고 있다. 또한 우리의 가정의례는 조선 500년 역사를 통해 젖어 있는 유교의 영향을 크게 받고 있다고 하겠다. 우리의 전통을 현대에 맞게 기독교화하는 것을 교회가 앞장서고 기독교인들이 과감하게 새 문화를 생활문화로 심을 수 있을 때 이 땅에 기독교 문화가 자리매김할 수 있을 것이다.

말씀 청종

1. 기독교와 문화의 관계를 5가지 유형으로 분석한 것을 설명해 보자. 또한 가장 바람직한 모델은 무엇이라고 생각하는지 함께 이야기해 보자.

1) 문화와 대립하는 그리스도 ____________________

2) 문화에 속한 그리스도 ____________________

3) 문화 위에 있는 그리스도 ____________________

4) 문화와 역설적 관계에 있는 그리스도 ____________________

5) 문화를 변혁시키는 그리스도 ____________________

2. 기독교 대중문화 형성에서 힘써야 할 분야는 무엇인지 토론해 보자.

____

____

3. 우리 교회에서 실시할 수 있는 기독교 문화형성의 방법들을 토론해 보자.

12과
교회와 교회행정

오늘의 찬송 : 새 330장(통 370장), 새 347장(통 382장)

오늘의 말씀 : 출애굽기 18 : 13-27, 사도행전 6 : 1-6

오늘의 기도

학습목표

① 교회행정의 성경적 근거와 사람을 세우는 성경적 원리를 알 수 있다.

② 교회행정의 필요성을 느낄 수 있다.

③ 교회행정에 참여할 수 있다.

✝ 말씀 보기

1. 출애굽기에서 과중한 업무에 지친 모세에게 장인 이드로가 제안한 것은 무엇인가?(출 18 : 13-27)

2. 사도행전에서 헬라파 사람들이 히브리파 사람들을 원망한 이유는 무엇이며, 그 대안은 무엇이었는가?(행 6 : 1-6)

3. 지도력을 분산한 성경의 실례는 현대교회에 어떤 가르침을 주는가?

강의 듣기

1. 교회행정이란 무엇인가?

교회행정은 전체 목회를 성취하기 위하여 교회를 인도하는 데 관련된 교회 지도자들의 활동을 말한다. 전통적으로 교회행정이란 교회의 문서작성 정도로 이해되었으나 최근에 와서 교회행정학이 발달함으로써 상당히 복합적 내용을 포함한 실천신학으로 자리를 잡게 되었다. 학자들에 따라서 이견이 있으나 일반적으로 교회행정은 목회자들의 가장 어려운 목회 업무 중 하나라고 하며 가장 많은 시간을 소모하는 업무라고도 한다. 대체로 목회자들이 목회를 위하여 소모하는 시간 가운데 4분의 3이 행정업무라고 한다.

교회행정이란 어떤 일을 수행하기 위해 교인들을 통하여, 그리고 그들과 함께 일하는 것이다. 교회행정이란 무엇을 어떻게 하는 일이나 기술이 아니라 목회 그 자체이다. 또한 목회의 한 면이라기보다 목회 그 자체라고 표현한다. 왜냐하면 교회행정은 목회의 모든 면을 뒷받침해 주는 역할을 하기 때문이다. 설교나 심방, 교육 등 목회의 모든 면에서 행정이 필요치 않은 부분이 하나도 없다. 그리고 교회행정이란 교회가 교회 되게 준비시켜 주는 지도력이다. 그러므로 교회행정은 사람을 중요하게 생각하며 교회행정은 곧 사람학이라고까지 한다. 그런 의미에서 종합적 의미로는 교회행정이란 과학적 기술이며 예술이며 은사이다.

2. 교회행정은 누구의 업무인가?

교회행정학에서는 교회행정을 세 가지 용어로 해석한다. 지도력(leadership)과 관리(management)와 경영(administration)이다. 지도력이란 다른 사람을 통제하고 지시하는 능력이 아니라 비전을 보여 주는 업무(envisioning task)이며 동시에 전체적인 그림을 그리는 모델을 만드는 업무(modeling task)를 말한다. 관리란 기획하는 업무(planning task)이며 감독하는 업무(monitoring task)를 말한다. 그리고 경영이란 보조하는 업무(supporting task)이며 능률을 향상시키는 업무(enhancing task)를 말한다. 위의 세 가지 용어에서 볼 때 지도력이란 목회자의 업무이며, 관리란 장로의 업무이며, 경영이란 집사의 업무이다. 그러므로 교회행정이란 어떤 특정한 직제나 특정한 개인의 업무가 아니라 모든 직분자들의 업무이다.

교회행정이란 목회자의 업무와 장로의 업무, 집사의 업무가 서로 조화를 이루어 하나의 행정을 이루어 가는 것을 말한다. 흔히 "목사는 목회를, 장로는 행정을"이라고 하는 관념은 교회행정의 기본 개념의 오해에서 비롯되는 것이며 "교회행정은 목회자의 고유 업무"라는 생각도 마찬가지 오해이다. 교회행정은 철저하게 모든 직제에 분배되어 있는 교회의 중요한 업무이다.

3. 교회행정의 성경적 근거

교회행정이 일반 행정과 다른 점은 교회라는 특수한 자리가 행정의 장이 되며, 그러므로 성경에 그 근거를 두어야 한다는 점이다. 교회행정도 일반 행정에서 많은 이론과 방법론을 빌려 오기는 하지만 근본적으로 그 근거를 성경에서 찾는다는 데 일반 행정과의 차이가 있다. 교회행정은 구약과 신약에 그 근거를 가지고 있다.

출애굽기 18장에는 출애굽 후의 이스라엘 공동체의 생활이 기록되어 있다. 이스라엘 백성 60만이 광야에서 생활할 때에 지도자 모세는 아침부터 밤까지 백성들의 송사문제로 시달리게 된다. 모세의 장인 이드로가 모세를 방문했을 때에 모세가 백성들에게 시달리며 비효율적으로 일하는 것을 보고 백성들 가운데 재덕을 겸비한 자를 선택하여 천부장, 백부장, 오십부장, 십부장으로 세우게 했다. 또 세운 지도자들이 스스로 재판하게 하고 그들에게 힘겨운 큰 재판만 모세가 하도록 하였다. 모세가 장인의 말대로 하였더니 모든 사람들이 만족하였고 이드로도 그 후 자기의 고향으로 돌아갔다.

사도행전 6장에는 초대교회 공동체가 당면하였던 문제와 그 해결이 기록되어 있다. 하루에 3천 명이나 되는 많은 제자를 얻게 된 교회는 예기치 않은 문제를 만나게 된다. 그것은 헬라파 유대인들이 자기들의 과부가 매일의 구제에서 제외되었다는 불평이었다. 이 문제를 해결하기 위하여 사도들은 성령이 충만하여 칭찬 받는 자 일곱을 택하게 하였다. 회중들은 사도들의 말대로 일곱 사람을 택하였고 사도들은 그들에게 안수하여 그들로 하여금 구제하는 일을 하게 하고 자신들은 말씀 전하는 일과 기도하는 일에 전력하였다. 그 결과 교회는 날로 부흥되었고 많은 제사장들도 그리스도를 믿게 되었다.

위에 출애굽기 18장과 사도행전 6장의 예는 교회행정의 성경적 근거이다. 문제는 구약과 신약에서 공통적으로 사람이 많기 때문에 생겨났다. 즉, 사람이 적으면 행정이 필요치 않지만 사람이 많아지면 행정이 요구된다. 또한 문제의 본질은 지도자의 업무과중이었다. 모세는 혼자서 많은 백성들의 문제를 다 해결해야 했고, 사도들도 많은 사람들을 구제하고 말씀과 기도도 해야 하는 업무과중에 시달리게 된 것이다. 그러나 실제로 업무과중이란 그다지 문제가 되지 않는다. 더 큰 문제는 지도자가 업무과중으로 말미암아 업무의 우선순위가 바뀐다는 것이다. 모세는 하나님과의 관계가 우선적이었지만 백성들 재판으로 그 관계가 끊어지게 되었고, 사도들도 말씀 전하는 것과 기도하는 것이 우선적이었지만 구제로 말미암아 우선순위에서 밀려나게 되었다. 이 때 문제를 해결하는 방법은 구약과 신약이 공통적으로 사람을 세우는 일이었다. 모세는 천부장, 백부장, 오십부장, 십부장을 세웠고, 사도들은 일곱 집사를 세웠다. 그리고 자신의 업무를 그들에게 분담하여 주었더니 모든 사람이 만족하고 공동체가 자라게 되었다.

교회행정의 성경적 근거에서 살펴보면 교회행정이란 지도자의 업무가 과중할 때에 사람을 세워 업무를 분담시켜 주는 것이다. 그리고 교회행정의 결과는 만족과 성장이다. 좋은 교회행정은 교인들에게 만족을 주고 교회를 자라게 한다. 또한 교회행정은 사람을 세우는 것이기 때문에 무엇보다도 사람을 소중히 여긴다.

4. 교회행정과 사람 세우기

위에서 보는 대로 교회행정은 사람을 세워 업무를 분담시키는 일이다. 그러므로 사람을 세우는 일은 교회행정에서 가장 중요한 업무이다. 실제로 행정이란 사람을 적재적소에 세우는 일이 가장 중요하며, 사람을 세우는 데 가장 모범적인 분은 예수님이다. 예수님도 사람을 세우는 것이 얼마나 중요한가를 친히 제자를 세우심으로 보여 주셨다. 성경은 예수님의 제자명단을 마태복음, 마가복음, 누가복음 그리고 사도행전에 기록하고 있다. 각 성경에 나타난 제자들의 이름을 순서대로 열거하면 다음과 같다.

마태복음 10 : 1–4	마가복음 3 : 16–19	누가복음 6 : 12–16	사도행전 1 : 12–13
베드로 안드레 야고보(세베대 아들) 요한(세베대 아들) 빌립 바돌로매 도마 마태 야고보(알패오 아들) 다대오 시몬 가롯 유다	베드로 야고보(세베대 아들) 요한(세베대 아들) 안드레 빌립 바돌로매 마태 도마 야고보(알패오 아들) 다대오 시몬 가롯 유다	베드로 안드레 야고보 요한 빌립 바돌로매 마태 도마 야고보(알패오 아들) 시몬 유다(야고보 아들) 가롯 유다	베드로 요한 야고보 안드레 빌립 도마 바돌로매 마태 야고보(알패오 아들) 시몬 유다(야고보 아들)

위에 열거된 제자의 명단은 예수님이 제자를 세우신 의도와 제자의 구성을 명확하게 표현한다. 우선 예수님은 제자를 세우실 때에 네 사람씩 세 그룹으로 나누신 것이 분명하게 드러난다. 네 성경구절에서 공통적으로 첫째 이름은 베드로이며, 안드레, 야고보, 요한의 이름은 순서는 바뀌지만 베드로 아래에 열거된 이름들이다. 공통적으로 다섯째 이름은 빌립이며, 바돌로매, 도마, 마태의 이름은 순서는 바뀌지만 빌립 아래에 열거되어 있다. 그리고 공통적으로 아홉째 이름은 알패오의 아들 야고보이며 나머지 세 사람의 이름이 그 아래에 열거되어 있다. 이것으로 우리는 예수님이 베드로, 안드레, 야고보, 요한 네 사람을 첫째 그룹으로, 빌립, 바돌로매, 도마, 마태를 둘째 그룹으로, 야고보, 다대오, 시몬, 가룟 유다를 셋째 그룹으로 나누신 것을 알 수 있다. 그 가운데 베드로, 빌립, 야고보는 각 소그룹의 리더로 세우시고 나머지를 그룹 멤버로 만드신 것이다.

첫째 그룹의 제자들은 예수님과 내밀관계(inner circle)에 있던 제자들로서 친숙하게 성경에 등장한다. 특별히 예수님은 그들을 야이로의 딸을 살리실 때, 변화산에 올라가실 때, 그리고 겟세마네 동산에서 기도하실 때에 따로 데리고 가셨다. 예수님은 제자들을 그룹으로 묶으시고 그들의 재능과 은사를 통해 교회를 맡기셨다. 성경에 두드러진 특정한 재능은 없지만 그들을 각별히 여기시고 가까이 데리고 다니시며 그들에게 하나님 나라를 가르치셨다.

교회가 직원을 선택할 때에 어느 특정한 부류의 사람이나 재능이 많은 사람들만이 아니라 모든 사람들이 교회의 직원으로서 충분한 자격을 가지고 있음을 시사한다. 일반적으로 교회가 직원을 선택할 때에 재능이 있는 사람들만 선택하기가 쉽다. 그러나 성경은 예수님의 제자모델을 통하여 모든 사람들이 교회의 직원으로서 충분한 자격이 있음을 말해 준다.

교회가 항존직을 세우고 그들로 교회를 섬기게 하는 것도 성경적 원리에서 업무를 분담하는 것이며 하나님께서 주신 은사를 실천하는 것이다. 그러므로 교회의 항존직의 선택과 임직은 성경적이어야 하며, 나아가서 예수님이 제자를 세우신 모형처럼 모든 하나님의 백성이 교회의 일꾼임을 깨닫고 하나님께서 위탁하신 일을 충실하게 수행해 나가는 제자로서의 자세가 필요할 것이다(더 깊은 연구를 위해서는 이성희. 「교회행정학」〈서울 : 한국장로교출판사〉과 이성희. 「밀레니엄 목회 리포트」〈서울 : 규장문화사〉, J. O. 샌더스, 이동원 역. 「영적 지도력」〈서울 : 요단출판사〉을 참고).

말씀 청종

1. 교회행정의 성경적 근거는 무엇이며, 어디에서 찾을 수 있는가?

2. 교회 안에서 교회행정이 잘 안되는 이유에는 어떤 것들이 있는가?

3. 우리 교회에서 바람직한 교회행정이 수행될 수 있는 방법들을 토의해 보자.

05

역할론

이 단원에서는 교회의 기능에 대한 항존직들의 역할과 책임에 대해서 배우게 된다.

교회에는 여러 가지 기능이 있는데 이는 예배의 기능, 교육의 기능, 선교(전도)의 기능, 친교의 기능, 봉사의 기능이다. 또한 예배와 기도(예배), 교수와 학습(교육), 하나님의 말씀 선포(선교), 공동체와 교제(친교), 봉사와 섬김(봉사)의 기능들은 상호 긴밀히 관련되어 있으면서 함께 존재한다.

이와 같은 기능들은 초대교회 최초의 신앙공동체 삶에서 볼 수 있는데(행 2 : 32, 42, 44-47) 교회는 교육이라는 수단을 통해 교회의 기능들을 항존직들에게 지도한다. 교육시키는 목적은 항존직들을 교회의 교역(Ministry)에 적극 참여하게 하여 교회의 모든 분야에 대해 관심과 더불어 역할 분담과 책임을 감당하게 하기 위함이다. 그 결과 교회는 안정과 성장, 평신도 사역의 활성화, 개개인의 영적 성숙과 지도력 개발, 그리고 하나님께 영광 돌리는 삶을 살게 되는 것이다.

13과

예배를 위한 역할과 책임

오늘의 찬송 : 새 14장(통 30장), 새 10장(통 34장)

오늘의 말씀 : 역대하 5 : 12-14

오늘의 기도

학습목표

① 예배의 중요성을 알 수 있다.

② 항존직들은 예배위원임을 깨닫게 된다.

③ 최상의 예배를 드리도록 준비하며 예배에 전심으로 참여할 수 있다.

말씀 보기

1. 예배위원들이 누구인가?(12절)

2. 성가대와 나팔 부는 제사장들이 주님을 찬양한 내용을 기록해 보자(13절).

3. 하나님의 전에 무엇이 가득 찼는가?(14절)

강의 듣기

1. 교회의 우선적 본질은 예배드림이다.

사도시대부터 내려오는 교회의 전승은 전도(케리그마-Kerigma), 교육(디다케-Didache), 교제와 섬김(코이노니아-Koinonia, 디아코니아-Diakonia)이다. 교회마다 전도, 교육, 봉사, 친교를 축으로 삼고 목회하는 이유도 여기에 있다. 그러나 예배는 그 모든 것보다 우선하는 교회의 본질이다. 즉, 전도, 교육, 봉사, 친교가 예배 때문에 있고, 또 그것들은 예배로 말미암아 더욱 살아나게 된다. 교회에서 예배보다 더 중요한 것은 없다. 교회는 곧 예배 때문에 존재한다.

예배는 하나님을 섬기는 일이다. 예배의 뜻은 라트레이아(Latreia-섬긴다, 일한다는 뜻, 영어에서 서비스〈service〉로 번역)와, 프로스퀴네오(Proskuneo-절한다, 경배한다는 뜻, 영어에서는 워십〈worship〉으로 번역)이다. 즉, 예배는 아버지 하나님을 최고로 기쁘시게 하는 일이다. 하나님을 찬미하고 하나님께 영광을 돌리는 일보다 더 귀중한 일은 없다. 예배는 보는 것이 아니라 드리는 것이다. 구경꾼이 아니라 실제로 하나님께서 기뻐하시도록 감사와 찬양을 드려야 한다. 예배를 본다는 말보다는 한다는 말이 성경적이다. 예배라는 단어 안에 이미 경배하는 뜻이 들어 있어 "하나님께 예배하러 갑니다.", "하나님께 예배합니다."가 옳은 표현이다. 예배는 하나님과 사람의 만남이다. 그 만남은 기쁨이며 감격이다.

2. 예배위원들의 역할

성직자는 예배를 집례하는 일에 중심이 된다. 항존직들이나 평신도는 성직자와 함께 협력함으로 예배에 동역하게 된다. 예배위원이 되면 정한 일, 맡은 일에 성실하게 임해야 한다.

1) 찬송은 구속에 대한 감격과 감사의 표현이다.

첫째, 찬송은 노래이다. 가사, 멜로디, 리듬이 있다. 둘째, 찬송은 신앙고백이다. 노래 속의 가사는 기도요, 신앙고백이다. 따라서 감격적인 신앙고백이 그 안에서 이루어져야 한다. 셋째, 찬송은 영광 돌림이다. 찬송은 하나님을 높이는 영혼의 노래다. 하나님의 구원과 섭리를 찬양함이다. 따라서 "하나님, 영광 받으소서."가 찬송의 생명이다.

2) 기도는 영적 생활의 깊이와 관계된다.

첫째, 공동기도와 개인기도의 문제이다. 공동기도는 공동을 위한 기도여야 하며 따라서 사적 기도와 구별되어야 한다. 둘째, 시간과 때에 맞는 기도이다. 공동기도는 3-5분 정도가 좋다. 셋째, 복음적으로 기도해야 한다. 기도의 능력을 믿고 언제나 기도를 생활화해야 한다. 또한 하나님 나라와 예수 그리스도의 구원하심을 위해서 기도해야 한다.

3. 예배위원들의 책임

예배의 결과는 크다. 은혜로운 예배와 은혜롭지 못한 예배의 차이는 우리 영혼이 사느냐 죽느냐의 문제이다. 예배는 단순히 하나의 행위로 끝나는 것이 아니다. 예배는 하나님께서 역사하시는 통로이기 때문에 항존직들은 최선의 마음으로 최상의 예배를 드리도록 시도하며 참여해야 한다.

첫째, 정한 모든 예배에 출석해야 한다. 교회가 정한 예배는 항존직들이 정한 예배이다. 자신이 정한 예배에 자신이 빠지면 예배는 누가 드린단 말인가? 둘째, 예배 시간 전에 정성을 다해야 한다. 예배를 안내하고 예배에 필요한 모든 것을 준비하고 확인해야 한다. 예배위원이 되면 지극한 정성으로 맡은 일에 충성을 다해야 한다. 그리고 정해지지 않은 일일지라도 면밀히 살펴서 부족함이 없도록 채워 나가는 것이 항존직분자들의 임무임을 언제나 기억해야 한다.

말씀 청종

1. 교회의 예배에 어떤 생각과 어떤 자세로 임해야 하는지 생각해 보고 함께 이야기해 보자.

2. 은혜로운 예배를 드린 경험담을 이야기해 보자.

3. 예배현장에서 교정되어야 할 관행과 언어들을 점검해 보자.

14과
교육을 위한 역할과 책임

오늘의 찬송 : 새 200장(통 235장), 새 453장(통 506장)

오늘의 말씀 : 신명기 6 : 4-9

오늘의 기도

학습목표

① 기독교교육의 역사와 장(場)을 알 수 있다.

② 가르침의 보람과 기쁨을 느낄 수 있다.

③ 바른 교사의 자세로 교육에 임할 수 있다.

말씀 보기

1. 누가 누구에게, 어디에서 무엇을 가르치라고 했는가?(4-7절)

2. 어떤 태도로 가르쳐야 하는가?(7절)

3. 언제 가르쳐야 하는가?(7절)

강의 듣기

1. 기독교교육의 약사(略史)와 목적

오늘의 기독교교육은 구약시대 히브리 민족교육에서부터 시작되었다. 이스라엘의 민족공동체는 선민공동체, 가족공동체, 회당공동체를 바탕으로 해서, 곧 자신들을 교육공동체로 자각하고 있었다. 이스라엘은 하나님의 선민으로서 공동체의 새로운 멤버들(2세들)을 바르게 교육할 책임이 있음을 한시도 잊은 적이 없었다. 그래서 하나님의 뜻을 발견하고, 율법을 암송하고, 종교적 의식을 생활화하도록 했다(신 6 : 4-9).

신약시대에 예수님은 때때로 병 고치는 의사였고, 유능한 설교자였고, 기적을 행하시는 능력자였으나, 무엇보다도 가르치는 교사로서 사역하셨다(요 13 : 13). 예수님은 사람들로 하여금 하나님의 나라와 뜻을 믿고 고백하며 증인으로서의 삶을 살기를 원하셨고 그렇게 가르치셨다. 또한 그 교육방법은 대화와 설교와 비유를 사용하셨다.

초대교회는 기독교로 개종해 온 자들에게 기독교의 진리를 가르쳐야만 했고, 성인들의 도덕적인 제직훈련과 그들의 자녀들에게 예수님의 십자가와 부활에 대한 교육적 책임을 감당했다. 또한 사도들과 후계자들을 교사로 세워 공동체인 가정과 회당에서 가르쳤다. 이러한 교육을 통하여 복음을 선포하는 교회로부터 가르치는 교회로 점차 변화되었다.

콘스탄틴 대제에 의해 기독교가 로마제국의 국교로 승인됨으로써 국민 모두가 자동적으로 기독교인이 되었고, 기독교교육에도 철저한 변화를 일으키게 되었다. 불학무식하고 야만적인 미개인들과 이교도들 중에 개종한 자들이 많았다. 그래서 이들을 가르치기 위해 초월적인 것과 추상적인 것을 상징하는 상징물을 통한 교육이 발달하게 되었다. 즉, 성례전과 연극과 교회건축과 교회력과 미술과 화상을 통한 교육이 성행하게 되었다.

그러나 상징을 통한 교육은 중세 말엽에 접어들어 가면서 차츰 쇠퇴해 갔다. 교회 회당과 수도원에 부속된 공식적 교육기관인 학교들이 성장했고, 도시가 개발되면서 대학들이 비로소 시작되었기 때문이다.

로마 가톨릭교회와 결별한 프로테스탄트 교회는 성도와 하나님과의 직접적인 관계형성을 적극적으로 계발하는 교육으로 지향 발전했으며, 이것은 인쇄술의 발달로 인한 언어 중심 교육으로의 교수방법 전환을 이루었다. 또한 성경번역과 보급, 성경 중심 교과과정 개발, 교리문답 등의 교육을 하였다.

주일학교운동은 기독교교육사에 획기적인 성격을 가지고 있다. 로버트 레이크스(1736-1811)가 살던 18세기 영국은 격심한 혼란 상태로 수공업이 기계공업으로 대체되면서 기업의 사주들은 남성 대신 부녀자나 소년 소녀들을 채용함으로 실직자가 늘고 자녀들이 무방비 상태로 방치됐다. 이들은 도덕을 익힐 기회가 주어지지 않자 난폭해지고 범죄의 길로 쉽게 들어서게 됐다. 레이크스는 길거리를 배회하는 어린이들을 모아 1780년 주일학교를 시작했다. 옷과 신발을 나눠 주고, 청결교육, 도덕교육, 교양교육을 시켰다. 3년간의 운동을 통해 어린이들의 변화에 확신을 얻은 그는 자신의 신문에 그간의 주일학교운동에 대해 기사를 실었고 이는 전국적인 운동으로 확산되었다. 주일학교운동의 교육목적은 도덕훈련과 경건교육, 비행 어린이 선도, 근면성 고취였다. 또한 교육내용은 아기 돌보기, 읽기, 쓰기, 셈하기, 예배와 성서연구, 교리문답이었으며 교육방법은 일반 학교교육 방법과 동일했다. 주일학교운동의 공헌은 인간 존엄성 회복, 평신도 인력 활성화, 학부모의 종교훈련 동기유발, 간접적인 산업사회 역군 양성, 자원봉사자 육성, 소외계층 특히 여아에게 교육기회 제공, 기독교교육 방식으로 사회문제 해결, 주일학교운동을 전국으로 확산시킨 점 등이다. 이러한 영국의 주일학교운동은 미국으로까지 건너가서 활짝 꽃피우게 되었다.

라틴어로 교육(educare)이라는 말의 뜻은 "속의 것을 끄집어내다", "이끌어내다"라는 뜻이 있다. 즉, 피교육자의 선천적 재질과 가능성을 재발견하여 활동과 유희의 실험을 통하여 창의적이고 독자적인 생활방식을 수렴케 하고, 인간본성을 바람직하게 실현코자 하는 것이다. 그러므로 일반교육에서는 인간을 하나의 완전하고 독특한 인격체로서 무한하고 절대적 가능성을 지닌 존재로 본다. 그러나 기독교교육에서의 인간은 본래는 하나님의 형상으로 창조되었으나 불순종과 범죄로 타락했으며, 하나님의 형상이 파괴되었으므로 불완전한 존재, 즉 죄인 된 존재로 본다. 그러므로 교회교육을 통해서 회개하고 믿음을 회복하고 예수 그리스도 안에서 새 사람이 되게 돕는 것이다. 즉, 새 사람이 된 성도가 예수 그리스도께 초점을 맞추며, 그리스도를 닮아 가도록 교육시키는 것이다.

기독교교육의 목적은 성령을 통하여 모든 사람으로 하여금 예수 그리스도 안에서 자기를 계시하시는 하나님의 실재와 구원하시는 사랑을 경험함으로 예배와 순종으로 그에게 응답하고, 나아가서는 자기를 앎과 우주와 자연 및 자기가 처하여 있는 사회와 역사의 의미를 깨달아 성경말씀으로 생활하며, 그리스도를 닮은 품성으로 성장함으로써 그의 몸 된 교회와 선교와 연합의 역군이 되어, 소망 가운데 하나님의 사랑과 정의에 기초한 사회건설의 사명을 수행할 수 있는 능력을 발전시켜 주는 일이다. 이러한 목적의 기독교교육이 일어나는 장은 사람이 있는 모든 곳이며, 대표적으로 교회와 가정과 사회를 말한다.

2. 교회와 기독교교육

교회가 선교를 해야 하는 것처럼 교육에도 주력해야 한다. 교육의 기능을 소홀히 하는 교회는 교회의 본질에서 반드시 갖추어야 할 필수불가결한 요소를 잃어버린 교회가 된다. 뿌리가 약한 나무가 좋은 열매를 맺을 수 없음 같이, 충실한 교육이 없이는 바람직한 열매를 기대할 수 없다. 교회의 구성원들은 모두 그리스도의 몸 된 교회이므로 이들에게는 바르게 자라게 하는 양육과 힘 있게 일할 수 있도록 연단하는 교육이 필요하다. 이러한 교육과 양육을 통해 교회는 세상을 향한 빛과 소금과 누룩의 사명을 수행할 수 있게 된다. 또한 교회의 공동체 속에서 예배와 교육과 전도와 봉사와 친교를 통해서 그리스도인으로서 의미를 간직하고, 그리스도의 몸 된 교회의 지체라는 공동체 의식을 계발하고, 삶의 현실 속에서 책임적인 존재임을 인식하며 역사의식을 가지게 해야 한다.

1) 교사로서의 항존직 – 교회학교 교사는 젊은 청년들이나 젊은 성인들이 으레 담당하는 것으로 생각해서는 안 되며, 오랜 신앙생활과 삶의 경험을 가진 자들이 교회교육을 담당하고 가르치는 일에 직접 수고하는 것이 효율적이다. 항존직들은 교회학교 교사뿐만 아니라 신입반이나 청소년 상담교사로, 성인반이나 노인반 그리고 구역담당 교사로 수고해야 한다(딤전 4 : 11–16).

2) 전도하는 항존직 – 어른 전도는 물론이거니와 어린이와 청소년에게 복음을 전하고 교회로 인도함으로 다음세대와 평신도들에게 몸소 본을 보이도록 해야 한다(마 19 : 13–15).

3) 후원하는 항존직 – 먼저 기도로 교육에 참여한다. 교회교육은 단순한 지식 전달이 아니고 교사가 삶으로 가르치는 말씀을 통해 능력이 나타나야 한다. 회개와 믿음과 확신과 생활과 경험으로 이어져야 하는 것이므로 기도 없이는 불가능한 것이다.

4) 항존직으로서 가정예배를 통해 신앙적 분위기를 형성하고, 유지해야 한다. 그리고 직장과 사회 속에서도 빛과 소금의 역할을 해야 한다(신 6 : 4–9, 마 5 : 13–16).

5) 항존직은 씨를 뿌리는 자와 같다(마 13 : 3–8). 심는 이나 물 주는 이는 아무것도 아니로되 오직 자라게 하시는 이는 하나님뿐임을(고전 3 : 5–8) 기억하고 열심을 내야 한다.

6) 고난과 인내가 요구된다. 눈물로 씨를 뿌리는 자는 기쁨으로 단을 거두게 된다(시 126 : 5–6, 딤후 3 : 10–12, 갈 6 : 9).

7) 때로는 산파와 같은 역할을 해야 하고, 때로는 정원사와 같은 역할을 해

야 한다.

3. 가정과 기독교교육

가정은 자녀들의 종교교육의 온상이다. 가정은 교육의 중요한 장이요, 부모는 교사이며, 교재는 성경이다. 이스라엘인들의 가정교육의 특징은 아래와 같다.

1) 생활과 교육이 직결되도록 했고
2) 부모의 절대적인 권위와 율법에 의해 자녀들의 행동은 통제되었고
3) 암송을 주축으로 하는 구전에 의한 교육과
4) 종교의식의 생활화를 통해 하나님과의 관계를 자연스럽게 알게 하였다.

현대 그리스도인들이 기독교 가정을 지키는 방법은
1) 급변하는 사회구조 속에서 부모의 위치를 지키고 교육적 기능을 지키는 일
2) 가정의 신앙지도 기능을 회복하는 일
3) 부모와 교회가 기독교 가정교육의 중요성을 새롭게 인식하는 일
4) 교회와 가정교육을 적극적으로 지원하고 관계를 가지는 일 등이다.

4. 사회교육과 기독교교육

인간은 사회를 이루고 살아간다. 또한 사회적인 상호작용 안에서 무엇인가 판단 없이 배우면서 살아간다. 이러한 비형식적이요, 무의식적인 배움을 사회적 학습이라고 한다. 이와는 다르게 사회교육은 목적이 분명하고 의식적이며 제도적인 사회적 학습을 의미한다. 사회교육에 있어서 기독교교육의 근거는 교회가 이 땅의 모든 사람들에게 복음을 선포하고 남을 도와주고 섬기고

봉사하는 사명을 수행하는 것이다. 기독교적 사회교육은 봉사의 과제를 수행하는 것이 그 내용이다. 그리스도인은 하나님으로부터 선교의 사명을 부여받았으므로 사회의 구조와 윤리와 도덕적 수준에 대하여 관심을 가져야 한다. 또한 복음을 통한 구원과 안정과 정의와 평화에 관한 가치관 교육과 실현을 위한 생활의 변화와 쇄신을 위해 노력해야 한다.

5. 기독교교육이 하는 일

기독교교육을 설정하는 데 일반적으로 참고되어 온 내용들을 살펴보면 다음과 같다.

1) 성장해 가는 개인들에게 하나님을 경험하고 실재로서 인식케 하고 하나님과의 인격적 관계를 느끼게 한다.

2) 예수님을 구세주로 체험하고 일상생활과 행동 속에 표현해 갈 수 있도록 돕는다.

3) 그리스도와 같은 품성이 내면에 끊임없이 진보하고 성장해 가도록 돕는다.

4) 하나님을 아버지로 모시고 인간 서로가 형제라는 이상을 가지고 전 세계와 사회질서 건설에 참여하고 공헌할 능력과 성향을 신장시킨다.

5) 그리스도를 매개로 한 몸 된 교회에 적극적으로 참여하는 능력과 기풍을 기른다.

6) 신앙의 가정이 지니는 의미의 중요성을 잘 인식하고, 기본적인 사회집단의 생활 속에 건설적으로 참여하고 공헌하는 능력과 기풍을 발전시킨다.

7) 인생과 우주에 관한 기독교적 해석을 유도하고 그 속에서 하나님의 목적과 계획을 이해하는 능력을 높이며, 그것에 기초한 인생관을 이끌어 내게 한다.

8) 성경 속에서 밝히 드러난 최선의 종교적 경험과 그 경험의 일체를 위해 일하게 한다.

말씀 청종

1. 나는 교회에서 교회교육의 사명을 어떻게 감당하고 있는지 이야기해 보자.

2. 나는 가정에서 육적 및 영적 부모로서 자녀들에 대해 어떤 교사의 자세를 갖고 있는지 이야기해 보자.

3. 사회에서 올바른 기독교인으로 살아가기 위한 자세에 대해 이야기해 보자.

15과
선교(전도)를 위한 역할과 책임

오늘의 찬송 : 새 496장(통 260장), 새 510장(통 276장)

오늘의 말씀 : 마태복음 28 : 18-20

오늘의 기도

학습목표

① 전도는 예수님의 지상명령임을 알 수 있다.

② 전도자는 성령 충만해야 함을 느낄 수 있다.

③ 전도의 사역에 동참할 수 있다.

말씀 보기

1. 예수님은 어떤 분인가?(18절)

___

2. 예수님의 지상명령은 무엇인가?(19-20절)

___

3. 예수님의 약속은 무엇인가?(20절)

___

강의 듣기

1. 선교(전도)의 필요성

교회에서 제일 많이 사용하는 말 가운데 하나는 선교(전도)라는 말이다. 전도나 선교는 다 같은 의미를 가지고 있지만 편의상 국내에서 복음을 전할 때는 전도라고 말하고 외국에 나가서 복음을 전할 때는 선교라는 말을 사용한다. 세계화와 다문화로 인해 전도와 선교의 차이가 점점 더 무색해지고 있다. 국내에서의 외국인 선교가 진행되고, 해외에서는 한인목회와 전도를 하기 때문이다. 전도(선교)란 한마디로 말하면 예수 그리스도를 전하는 것이며, 또한 그리스도인의 첫째가는 의무이다.

교회의 본질은 무엇인가?

구약에서는 교회를 '카할'(히브리어)이라고 하는데 이는 '하나님께서 불러주셔서 그 부르심에 의해 모인 무리들'이라는 뜻이다. 이 말이 신약에 와서 '에클레시아'가 된 것이다. 하나님께서 교회를 세우신 목적은 크게 두 가지이다. 하나는 하나님께 예배를 드리기 위해서이다. 그리고 다른 하나는 예배를 통해 하나님의 음성을 듣고 그들이 하나님의 말씀을 전파하는 증인의 삶을 살도록 하기 위해서이다.

그러므로 교회의 실존의 의미는 증인의 삶, 곧 선교(전도)를 위해서 있는 것이다(신학자 브루너는 "교회는 선교〈전도〉함으로 실존의 의미가 있는 것이다."라고 말했다). 반대로 선교(전도)가 없는 교회라고 하면 실존해야 할 아무런 의미가 없는 것이다.

가끔 복음의 내용을 모르는 채 전도하는 사람들이 있다. 이런 경우에는 내가 무엇을 믿고 전하고 있는지를 모르기 때문에 상대방이 질문만 하면 겁이 난다. 가끔 복음을 믿고 있는 성도들 중에도 복음을 설명하지 못하는 경우가 있다. 그러나 실제로 성경 전체의 내용은 이 복음에 대한 설명이다. 복음은 예수 그리스도시다. 즉, 예수님이 내 죄를 대신해서 죽으시고 나를 위해 부활하신 사건인 것이다. 그러므로 복음을 받아들이는 것은 단순하다. 예수님이 내 죄를 대신해서 죽으시고 부활하신 것을 마음으로 믿고, 입으로 예수님을 주로 시인하여 영접하면 구원을 받는다(롬 10 : 9-12).

2. 올바른 선교(전도)관

1) 선교(전도)는 교역자의 전유물이 아니다

간혹 일반 성도들 중에는 선교(전도)는 교역자들만이 하는 것이고 평신도들은 예배에만 열심히 참석하고 헌금생활이나 잘하면 되는 줄로 아는 이들이 있다. 이것은 큰 오해이다. 전도는 교역자들의 전유물이 아니다. 모든 그리스도인들의 필수적인 의무인 것이다. 왜냐하면 그것은 주님의 지상명령이기 때문이다.

마태복음 28 : 19-20에 보면 부활하신 예수님은 열한 제자들에게 "너희는 가서 모든 민족을 제자로 삼아 아버지와 아들과 성령의 이름으로 세례를 베풀고 내가 너희에게 분부한 모든 것을 가르쳐 지키게 하라"고 하셨고, 마가복음 16 : 15에서는 "너희는 온 천하에 다니며 만민에게 복음을 전파하라"고 하셨다.

또 사도행전 1 : 8에서는 "오직 성령이 너희에게 임하시면 너희가 권능을 받고 예루살렘과 온 유대와 사마리아와 땅 끝까지 이르러 내 증인이 되리라"고 하셨다. 특별히 이 말씀은 예수님이 지상에서 남기신 최후의 명령이다. 그리스도인이라고 하면 그 누구나 주님의 지상명령에 순종할 의무가 있다.

2) 전도는 은사가 아니다

어떤 이들은 전도가 은사인 줄로 안다. 그래서 은사 받은 어떤 특정 인물들만 전도를 하는 것으로 안다. 그러나 전도(선교)는 어떤 특정인들에게만 주신 하나님의 은사가 아니다. 전도(선교)는 구원받은 성도의 당연한 의무이다. 구원받았으니 구원시켜야 할 책임이 모든 그리스도인에게 있다. 선교(전도)를 은사로 몰아 은사 받은 사람만 해야 하는 것으로 미룬다면 복음을 왜곡한 것이다.

많은 신앙의 선배들이 죽을 고생을 하며 몇 만 리를 다니면서 복음을 전하려고 노력하다가 매를 맞기도 하고, 순교를 당한 것은 그들이 전도의 은사를 가지고 있었다기보다 모든 믿지 않는 사람들에게 예수 그리스도를 전하는 것이 가장 기쁜 소식, 즉 복음(福音, Good News)이라는 믿음이 있었기 때문이다.

3. 전도(선교)인의 자격

1) 전도자 자신이 거듭난 체험이 있어야 한다. 예수님을 세 번이나 부인했던 베드로도 부활하신 예수님을 인격적으로 만나고 그분의 사랑을 깊이 경험한 후 담대히 예수 그리스도를 증거하였다.

2) 전도자는 성경말씀을 공부하고 말씀에 근거하여 다양한 계층의 사람들에게 다양한 방법으로 복음을 제시할 수 있어야 한다. 우리가 만나는 사람들은 실로 다양하고 그들이 처해 있는 환경 역시 다양하다. 그런데 무조건 뿌리면 된다는 식의 제한된 방법으로는 여러 가지 제약과 어려움을 당하게 된다. 다양한 접촉점과 방법들을 활용하여 전도하며, 신뢰감과 친사회적인 방법들을 찾아가며 전도해야 하겠다.

3) 전도자는 자신이 속해 있는 교회에 대한 자긍심과 함께, 하나님 나라의 확장이라는 넓은 의미에서의 인식을 가져야 한다. 자신의 교회만을 성장시키는 무기로서의 전도가 아니라 하나님의 나라를 확장하는 중요한 사역이라는 점을 인식해야 한다.

4) 전도자는 전도에 대한 거룩한 부담감을 가지고 있어야 한다.

이 세상에서는 금이 귀하다, 진주가 귀하다, 돈이 귀하다 말하지만 제일 귀한 것은 인간의 영혼을 죄악 가운데서 구원해 내는 일이다. 이것보다 더 귀한 일, 그리고 더 큰 보람이 어디 있겠는가? 우리는 이 영광스러운 일을 위해 부름 받은 자들이라는 것을 항상 기억하고 주님의 지상명령에 성실한 자세로 순종해야 할 것이다.

말씀 청종

1. 나는 교회에 처음 출석한 때로부터 현재까지 몇 명을 전도했으며, 지금부터 시작하여 죽는 날까지 몇 명을 전도하고 싶은지 목표를 정하고 함께 이야기해 보자.

2. 전도(선교)의 경험담을 이야기해 보자.

3. '한 생명 구하기' 전도활동을 실천해 보자.

16과
친교를 위한 역할과 책임

오늘의 찬송 : 새 220장(통 278장), 새 221장(통 525장)

오늘의 말씀 : 요한1서 1 : 1–10

오늘의 기도

학습목표

① 성도의 교제(친교)의 아름다움을 알 수 있다.

② 자신이 친교에 힘써야 하는 자임을 느낄 수 있다.

③ 올바른 친교를 선포하고 참여할 수 있다.

✝ 말씀 보기

1. 성도의 교제의 특징은 무엇인가?(3절)

2. 교제의 실제적 목적은 무엇인가?(4절)

3. 거짓된 교제는 무엇인가?(6절)

강의 듣기

1. 가장 가슴 아픈 이야기

성경에 나오는 이야기 중 가장 가슴 아픈 이야기는 가인이 동생 아벨을 죽인 사건이다. 그것도 형제가 하나님께 제물을 드리고 난 후 형이 동생을 죽였다. 마태복음 23 : 35에서 예수님은 가슴 아픈 말씀을 하셨다. "그러므로 의인 아벨의 피로부터 성전과 제단 사이에서 너희가 죽인 바라갸의 아들 사가랴의 피까지 땅 위에서 흘린 의로운 피가 다 너희에게 돌아가리라." 인류 최초의 살인사건과 예수님 당시의 살인사건이 성전과 제단에서 일어났다. 요한계시록 6 : 9-10에는 또 이런 말씀이 있다. "다섯째 인을 떼실 때에 내가 보니 하나님의 말씀과 그들이 가진 증거로 말미암아 죽임을 당한 영혼들이 제단 아래에 있어 큰 소리로 불러 이르되 거룩하고 참되신 대주재여 땅에 거하는 자들을 심판하여 우리 피를 갚아 주지 아니하시기를 어느 때까지 하시려 하나이까" 하며 제단 사이에서 죽임을 당한 영혼들이 아우성치는 장면이 나온다.

인류 최초의 살인사건이 제단에서 일어났으며, 예수님 당시 살인사건도 성전에서 일어났다. 인류역사상 가장 잔인한 사건들이 제단과 성전과 교회에서 일어난 것이다. 그렇다면 가장 거룩해야 하고, 하나여야 하고, 사랑과 친교가 이루어져야 할 제단과 성전과 교회에서 가장 끔찍하고 잔인한 일이 벌어진 이유는 무엇일까? 이는 제단은 죄가 죽는 곳이요, 성전은 죄가 처형되는 장소이며, 교회는 죄가 사하여지는 곳이기 때문이다. 그러므로 죄악의 원수는 제단이요, 사탄의 원수는 성전이요, 마귀의 원수는 교회인 것이다. 사탄은 사람을 범죄하게 하고 인간을 그들의 하수인으로 만들어 놓지만, 죄의 종이 된 인간이 제단과 성전과 교회공동체 안에서 그 죄악이 처형됨으로써 사탄의 하수인에서 자유함을 얻게 되는 것이다. 그러므로 사탄은 제단과 성전과 교회공동체 안에 끊임없이 갈등과 다툼과 분열과 미움을 일으켜서 인간의 죄가 처리되지 못하도록 온갖 악한 일을 일으키도록 조장한다.

교회는 사탄의 작전이 무너지고, 악이 처리되고, 죄가 죽는 곳이다. 예수님은 "너희가 누구의 죄든지 사하면 사하여질 것이요 누구의 죄든지 그대로 두면 그대로 있으리라"(요 20 : 23)라고 말씀하셨다. 교회가 땅에서 매면 하늘에서도 매이게 되고 땅에서 풀면 하늘에서도 풀리게 된다(마 16 : 19).

2. 가장 중요하지만 가장 무시된 것

사도신경에서 우리는 거룩하고 우주적이며 하나인 공교회(공회)를 믿는다고 신앙을 고백한다. 그리고 이어서 성도의 교제(성도가 서로 교통하는 것)를 믿는다고 고백한다. 이 고백은 "교회를 믿는다"는 고백에 부가적으로 따라 나오는 고백이 아니다. 교회의 교회다움을 규정하는 고백이다. 거룩하고 우주적이고 하나인 교회는 성도의 교제로 말미암아 교회다움을 갖게 된다. 성도들의 사귐이 교회에서 엷어지고 사라진다면 교회는 예수 그리스도의 사랑을 잃게 되고 교회는 빈곤해진다.

그러나 안타깝게도 오늘의 교회공동체는 하나의 이익단체처럼 전락해 가고 있다. 성도들이 이해관계에 따라 끊임없이 다투고, 분열되고, 교회공동체 안에서 악이 자행되므로 사람들이 교회를 믿지 못하게 되었다. 교회공동체에 나와서 예수님을 믿고 죄사함 받지 못하게 만들어 갈 뿐만 아니라 오히려 세상으로부터 질시와 거부감을 갖게 하고 있다. 지금까지 교회는 사역이 무엇인지에 대하여 더욱 강조하여 가르쳐 왔다. 그러나 진정한 교회가 무엇이고 성도의 교제가 어떠해야 하는지에 대해서는 너무나 무시되어 왔다. 이제는 성도의 교제의 중요성에 대하여 강조할 때가 되었다.

3. 성도의 교제

성도의 교제란 무엇인가? 성도의 교제(Koinonia hagion, Communio Sanctorum)란 성도들이 함께 동참하고 활동하고 협력하여 함께 경험하는 모든 사귐을 말한다. 그리스도인들이 상호적인 배려와 사랑을 가지고 모든 것을 서로 나누어 가지는 삶의 방식을 말한다. 배려와 나눔은 참다운 그리스도 교회의 특징이다. 이것은 곧 초대교회 생활의 특징이기도 했다. 모든 믿는 자들은 모든 것을 공유했다. 그리스도인들은 한 몸의 지체와 같아서 모든 지체는 다른 모든 지체들을 돌봐 주어야만 했다. 한 지체의 궁핍은 모든 지체의 궁핍이었으며, 한 지체의 고난은 모든 지체의 고난이었다(고전 12 : 25-26). 이런 아름다운 그리스도인의 교제 가운데서는 궁핍한 사람이 있을 수가 없었다. 왜냐하면 넉넉한 사람이 자신의 것을 팔아 공동적인 이익을 위해 사용하였기 때문이다(행 4 : 34-37). 이런 코이노니아의 가장 좋은 예는 예루살렘 교회를 도와주고자 하는 바울의 계획이었다. 예루살렘 교회가 너무 가난해졌기에 바울은 새로 설립된 성장하는 교회로 하여금 예루살렘 교회를 위해 연보하도록 계획했다(고후 8 : 1-9 : 15, 롬 15 : 25-28). 성도의 교제, 즉 교회의 가장 큰 특권은 서로 돌봄과 서로 나눔이다. 돌봄과 나눔은 의무가 아니라 특권이다.

성도의 교제가 가장 극적으로 나타나는 것이 성찬식이다. 성찬식은 교제와 나눔의 극치를 보여 준다. 그것은 무엇보다도 하나님과의 교제와 성도 서로 간의 교제를 나타내는 눈에 보이는 말씀이요, 함께 나누어 먹는 말씀이다. 그러나 이 세상의 어떤 친교와 결합보다 가장 친밀한 것이어야 할 성도의 교제와 일치는 사라지고, 분열과 불일치가 교회의 특징으로 나타났다는 것은 교회의 가장 큰 비극이다. 실제 행동에 있어서는 부정하고 있으면서도 성도의 교제에 대한 신앙고백을 거듭거듭 반복해서 외우며 예배드린다는 것은 실로 모순이 아닐 수 없다.

4. 교제의 실례

그러면 성도의 교제는 구체적으로 누구와의 어떠한 교제인가?

1) 그리스도인은 아버지 되시는 하나님과 교제를 끊임없이 나누어야 한다. 이 교제는 모든 교제에 우선하며 다른 성도의 교제를 인도해 간다. 아브라함은 하나님의 벗이라는 칭함을 받았다(약 2 : 23). 우리는 하나님의 자녀이다(요 1 : 12). 우리는 하나님의 신성한 성품에 참여하는 자들이다(벧후 1 : 4). 그리스도께서 포도나무요, 우리가 그의 가지라면 하나님께서는 포도원 농부이시다(요 15 : 1). 아버지라고 부르는 하나님과의 사귐은 예수 그리스도를 통해서 모든 그리스도인들에게 열려진 것이다.

2) 그리스도인은 하나님의 아들 되시는 예수 그리스도와 사귐을 가진다. 요한1서 1 : 3은 "우리의 사귐은 아버지와 그의 아들 예수 그리스도와 더불어 누림"이라고 말한다. 우리는 예수 그리스도와의 사귐을 위해 미쁘신 하나님의 부르심을 받았다(고전 1 : 9).

3) 그리스도인은 성령과의 사귐을 가진다. 그리스도인은 하나님의 성전이며 하나님의 성령이 그의 안에 거하신다(고전 3 : 16). 성령 안에서 그리고 성령과 함께하는 우리의 사귐이 있음으로써 우리는 서로 사귈 수 있다(빌 2 : 1-4). 그러므로 축복할 때 빠뜨릴 수 없는 것은 '성령의 교통'하심이다.

4) 그리스도인은 거룩한 천사와도 사귐을 갖는다. 천사는 하나님께서 부리시는 영으로서 구원 받을 상속자들을 위해 섬기라고 보내심을 받은 자들이다(히 1 : 14). 천사들은 죄인 하나가 회개하여 하나님께 돌아오면 이것을 기뻐하고(눅 15 : 10) 성도를 보호한다. 그러므로 우리는 천사와도 교제를 갖는 것이다.

5) 그리스도인은 이 세상을 떠난 성도들, 즉 지금 하나님과 함께 있는 자들과 아직 태어나지 않은 미래의 성도들과도 교제를 갖는다. 성도들은 과거와 미래 없이 홀로 존재하는 자들이 아니다. 그리스도인은 구름같이 둘러싼 허다한 증인들(히 12 : 1), 즉 지금 눈에 보이지 않지만 믿음으로 살았던 수많은 믿음의 조상들과 사귐을 갖는다. 그들은 지금 이 세상에서 믿음의 싸움을 싸

우는 우리를 위해 박수를 보내고 있다.

6) 그리스도인은 지금 같은 시대에 살고 있는 성도들과 사귐을 갖는다. 하나님의 때가 이르기까지는 곡식과 가라지가 함께 자라고 있다. 그것을 갈라놓으려 하다가는 곡식까지 다치게 된다(마 13 : 24-30). 우리는 성도이지만 매우 불완전한 성도들이다. 불완전한 우리가 성도들 사이를 줄을 쳐서 갈라놓는 것은 인간의 능력으로 할 수 있는 것이 아니다. 그것은 하나님께서만 하실 수 있다. 교회는 자주 오만함과 관용치 못함과 자기의(自己義)에 빠진다. 교회는 배타적인 것에 매달리지 않고 포용적인 것에 힘을 쏟아야 한다. 성도의 교제란 결코 성자(聖者)가 아닌, 아직도 많은 허물이 발견되는 하나님의 사람들과의 교제인 것이다. 그러므로 성도의 표상은 용서와 사랑, 이해와 관용, 섬김과 나눔인 것이다.

5. 항존직의 사명

교회에서 택함을 받은 항존직들의 가장 큰 사명은 성도의 교제가 깨어지지 않도록 힘쓰는 것이다. 한걸음 더 나아가서 항존직들은 죄에 빠지고, 시험에 들고, 낙심한 영혼들이 교회공동체에 들어와서 새 힘을 얻어 세상에서 승리하는 자들이 될 수 있도록 앞장서 섬기는 자가 되어야 한다. 그러므로 항존직들은 다음의 사도 바울의 권면을 통해 그 역할과 책임에 대해 다른 어떤 성도들보다도 먼저 주의를 기울여 청종하여야 할 것이다.

“그러므로 주 안에서 갇힌 내가 너희를 권하노니 너희가 부르심을 받은 일에 합당하게 행하여 모든 겸손과 온유로 하고 오래 참음으로 사랑 가운데서 서로 용납하고 평안의 매는 줄로 성령이 하나 되게 하신 것을 힘써 지키라”(엡 4 : 1-3).

말씀 청종

1. 성도의 표상은 용서와 사랑, 이해와 관용, 섬김과 나눔이다. 당신의 교제 속에 이와 같은 표상들이 나타나고 있는지 이야기해 보자.

2. 아름다운 친교의 경험담을 이야기해 보자.

3. 힘들게 살아가는 교회의 형제자매 혹은 이웃(불신자 포함)을 당신 가정의 사랑의 저녁 식탁에 초대해 보자. 칼국수나 혹은 가벼운 식사 후에 다과를 대접하며 즐거운 대화와 친교를 나누어 보자. 그리고 헤어질 때는 약간의 음식이나 선물을 준비하여 따뜻한 마음과 함께 전달해 보자(할 수 있다면 정기적으로 초청하여 삶과 믿음과 기도를 나누는 시간을 가져 보자. 이때 기억할 것은 "모든 손님을 주께 하듯 대접하라."는 것이다).

17과
봉사를 위한 역할과 책임

오늘의 찬송 : 새 595장(통 372장), 새 216장(통 356장)

오늘의 말씀 : 베드로전서 4 : 7-11

오늘의 기도

학습목표

① 바람직한 봉사에 대해 알 수 있다.

② 봉사자의 보람과 기쁨을 느낄 수 있다.

③ 봉사에 참여하고 실천할 수 있다.

말씀 보기

1. 봉사자가 늘 의식해야 할 사실은 무엇인가?(7절)

2. 은사를 받은 자들이 해야 할 일은 무엇인가?(10절)

3. 성도의 말하는 것과 봉사의 기준을 무엇에 두어야 하는가?(11절)

강의 듣기

1. 시작하는 말

무엇을 하든지 하나님의 일에는 질서가 따라야 한다. 일반적으로 질서는 세 가지로 크게 구별되는데 첫째는 위치질서(位置秩序), 둘째는 역할질서(役割秩序), 셋째는 관계질서(關係秩序)이다. 이와 같은 질서를 기본으로 한 것이라면 무엇이든 아름답고 조화롭고 편하게 된다.

교회 일이라 해서 은혜와 사랑만 강조하면서 규범을 간과하는 경향을 띠게 된다면 열심을 다해 하나님의 일에 봉사하고도 아름답지도 조화롭지도 못한 채 불편한 상황을 맞이하게 된다. 무엇보다 항존직들이 봉사에 대한 올바른 이해와 역할의 정의를 세우지 못했을 때 교회는 시끄럽게 되고, 하나님의 일이 아닌 사람의 일이 되어 하나님의 영광을 가리게 된다. 그렇다면 바람직한 봉사를 위한 역할은 무엇이며 그 책임은 어디에서 정의되어야 할까?

2. 봉사의 정의

봉사의 히브리어는 '아바드'로서 섬긴다는 뜻이며, 명사 '에베드'는 종, 노예를 뜻한다. 중요한 것은 신학적으로 '아바드'는 하나님을 섬김과 관련되어 많이 표현되었다는 것이다.

희랍어에서 섬김, 봉사는 '디아코니아'이다. 그리고 섬기다, 봉사하다를 '디아코네오'로, 섬기는 자를 종, 집사로 '디아코노스'라 한다. '디아코네오'는 개인적 섬김이라는 기본적 뉘앙스를 갖고 있는 단어이다. 그리고 '디아코니아'는 '사랑에 찬 섬김의 수행'이라는 의미를 갖고 있고, 이에서 '디아코노스', 즉 섬기는 자, 봉사자의 기본적인 의미가 주어지는 것이다.

이와 같은 용어를 중심으로 하여 볼 때 봉사란 하나님을 예배하는 것(롬 12

: 1), 자기의 직분에 알맞게 섬기는 것(롬 12 : 6－8), 자기 자신을 온전히 드리는 것(롬 12 : 1), 자기 자신을 겸손히 굽히는 것(빌 2 : 3)이라고 정의할 수 있다.

3. 봉사를 위한 준비

1) 준비의 용어 이해

히브리어에서 '준비하다'라는 개념은 '쿤'이라는 동사에서 비롯되는데 이 단어의 어근은 '확고하고 참되며 올바른 상태, 혹은 존재'를 가리키고 있다. 희랍어에서 '준비하다'는 '헤토이마조'인데 이것의 형용사 '준비가 된'은 '헤토이모스'이다. 신약에서 교훈하는 준비란 보편적으로 사실적이고 진실된, 참된 준비를 기본으로 하여 중요한 날을 위한 준비, 어떤 일을 완벽하게 이루기 위한 철저한 예비, 목적과 목표를 향한 구체적 채비나 활동, 시간적으로 미리 일들을 마련하는 것 등으로 이해된다. 즉, 무슨 일을 하기 전 반드시 준비의 자세가 확립되어야 함을 강조하는 내용이다. 이와 같은 내용은 봉사에도 그대로 적용되는 것이다.

2) 성경에 나타난 준비된 봉사자

성경에 나타난 위대한 인물들의 공통점은 위대한 역사를 창조하기 전 반드시 준비하는 삶이 있었다는 사실이다. 모세는 이스라엘 백성을 애굽에서 구원하기 위하여 40년 동안 미디안 광야에서 이드로의 양을 치면서 지도자로서 준비되었다. 사무엘은 어두웠던 이스라엘의 광명한 빛으로의 역사를 위하여 출생하여 젖을 떼자 바로 제사장 엘리에게 맡겨져 성전에서 하나님의 거룩한 사역을 위한 준비에 들어갔다. 이사야는 웃시야가 죽던 해 선지자로서의 사명을 자각하고 하나님의 역사를 이루기 위하여 오랫동안 왕궁 출입 선지자로서의 준비를 한 것을 알 수 있다. 예수님이 열두 제자를 부르셨을 때 그 열두 제자의 면면을 살펴보면 하나님의 나라에 적절하게 사용될 삶의 준비를 하고 있었던 사람들이었음을 발견할 수 있다. 또한 위대한 사도 바울도 이방선교의 사역을 위한 다양한 준비를 갖춘 자였음을 알 수 있다.

이와 같은 상황을 종합해 보면 사명 수행자는 철저한 준비의 단계를 거쳐서 비로소 필연적으로 중요한 발견을 하게 되는데, 첫째는 하나님 발견, 둘째는 자기 발견, 셋째는 일의 발견이다.

즉, 하나님, 나, 일이라는 관계가 엮어지는 것이다. 모든 일의 봉사는 세 종류로 표현되는데, 첫째는 자신을 위하여 일하는 자, 둘째는 일을 위하여 일하는 자, 셋째는 하나님을 위하여 일하는 자이다. 이 중 준비된 봉사자는 항상 하나님을 위하여 일하는 자가 되는 것이다.

4. 봉사를 위한 역할과 책임

무엇을 하든지 일에는 역할이 있다. 그리고 그 역할에 따른 책임이 있다. 이와 같은 일을 수행함에 있어서 다음 세 가지 질서를 통해서 아름다운 봉사가 시행되는 것이다.

1) 위치질서 – 나는 누구인가?(자기 자신에 대한 올바른 이해)

이는 무엇을 하든지 자기 자신에 대한 올바른 이해가 우선되어야 하는 것을 의미한다.

신학적 인간론에서는 인간은 존재(Being)가 아니고 존재화(Becoming)임을 가르친다. 이는 '되었다'가 아니고 '되어져 간다'라는 뜻이다. 에베소서 2 : 22에서는 "너희도 성령 안에서 하나님이 거하실 처소가 되기 위하여 그리스도 예수 안에서 함께 지어져 가느니라"라고 했는데 여기서 인간은 현재완료형 삶을 살아가는 것이 아니라 현재진행형 삶을 살아가는 것이다. 그래서 To be a Christian, 곧 참된 그리스도인은 되어져 가는 것이다. 이와 관련하여 직분 수행을 이해할 때도 목사가 안수를 받았다고 목사가 된 것이 아니다. 또한 장로와 안수집사, 권사가 안수를 받았다고 장로가 된 것이 아니고 집사가 된 것도, 권사가 된 것도 아니다. 그때부터 진실로 훌륭한 목사로, 장로로, 집사로, 권사로 되어져 간다는 것이다. 이와 같은 항존직의 의미를 바로 깨달을 때 거기서 올바른 봉사가 이루어지는 것이다.

성경에도 교만하고 자만하여 스스로를 인식하지 못한 채 하나님의 영광을 가린 자들의 예가 얼마나 많이 나오는가 생각해 보라. 우리는 날마다 주의 말씀 안에서 그 말씀을 의지하여 자라 가며 진정한 그리스도인으로 되어져 가는 자들임을 기억해야 할 것이다. 다윗, 요시야, 세례 요한, 선한 사마리아인, 베드로, 바울, 에바브로디도, 브리스길라와 아굴라 등 많은 사람들은 자기 자신을 알고 자기 자신이 해야 할 일을 알았기 때문에 역사에 찬란한 이름을 남기고 있다. 이렇듯 항존직들은 하나님의 일을 맡아서 수행하는 사명자들이기에 봉사자로서의 삶의 자세를 갖추어야 하며, 내가 누구인가에 대한 충분한 자기 이해를 가져야 한다.

2) 역할질서 – 나는 무엇을 하는가?(자기 자신의 직분에 대한 올바른 이해)

봉사의 종류와 정의는 다양하다. 우리는 몸으로(고전 6 : 19-20, 롬 12 : 1), 시간으로(엡 5 : 16), 물질로(고후 9 : 7), 재능으로(마 25 : 14-30) 봉사할 수 있다. 항존직들은 하나님의 심부름꾼이며, 그 심부름의 내용은 교회를 세우는 일이다. 이 때문에 항존직들은 하나님의 심부름에 온전히 충성해야 하며 그것이 사명자의 자세이다. 베드로전서 4 : 7-11에는 이와 같은 심부름을 받은 자의 봉사의 역할에 대한 내용이 잘 표현되어 있으며, 그 내용은 다음과 같다.

첫째, 정신을 차리고 근신하여 기도해야 한다. 이는 기도의 봉사이다(7절). 교회생활에서 어떤 봉사를 하든 기도 없이 하는 것은 아름답지 못하다. 종종 일에 치중하여 기도하는 것을 간과하는 경향이 있는데 그것보다 위험한 봉사는 없다. 왜냐하면 봉사는 내 힘으로 하는 것이 아니라 하나님께서 주시는 힘으로 하는 것이기 때문에 먼저 기도하여야 하는 것이다.

둘째, 열심히 서로 사랑함으로 수고해야 한다. 이는 사랑의 봉사이다(8절). 교회 일은 혼자서 하는 경우도 있지만 대부분 더불어 봉사를 하게 된다. 더불어 주의 일에 헌신하는 동안에 무엇보다 귀한 것은 서로를 아끼고 사랑하는 마음으로 봉사를 하는 것이다. 사랑은 허다한 죄를 덮는다는 것을 잊지 않아야 한다.

셋째, 서로 대접하기를 원망 없이 해야 한다. 이는 겸손의 봉사이다(9절). 예수님은 많은 사람을 섬기고 그들을 위한 대속물이 되기 위하여 오셨다(막 10 : 45). 그리고 사랑하는 제자들의 발을 씻기면서 섬김의 원리를 가르치셨다. 그것은 참된 봉사의 모습이다. 원망은 항상 내가 너보다 모든 면에 우월하다는 자기 교만의 표현이다. 이는 하나님 앞에서 봉사자의 자세가 아니다. 직분이 높아질수록 소위 뻣뻣해진다는 한국교회에 통용되는 속어는 우리를 슬프게 하며 자괴심(自愧心)에 얼굴을 들 수 없게 만든다.

넷째, 은사를 받은 대로 청지기의 역할을 해야 한다. 이는 감사의 봉사이다(10절). 하나님께서 주신 은사는 비교하거나 자랑하기 위해서가 아니라 교회의 몸을 세우기 위함이다. 항존직은 봉사를 위한 직분이다. 그렇다면 그 직분에 알맞게 섬기고 충성해야 한다. 다툼이나 허영이 아닌 각각 남을 자기보다 낫게 여기고 각자 자기 일을 돌아보아야 한다.

3) 관계질서 – 항상 더불어 봉사한다는 공동체에 대한 올바른 이해

더불어 봉사하는 역할에 대해 베드로전서 4 : 11에서 명쾌하게 가르치고 있는데, 첫째는 말에 대한 가르침으로 무슨 말을 하려거든 하나님의 말씀을 하는 것같이 하라고 했다. 여기의 '말하려면'이라는 헬라어는 '랄레이'로서 모든 종류의 말을 의미한다. 항존직들은 공적이든 사적이든 말을 할 때 하나님의 말씀처럼, 즉 성경말씀처럼 해야 한다. 성경의 가르침을 표본으로 삼아 하라는 의미이다.

둘째, 봉사에 대한 가르침으로 무슨 일을 하려거든 하나님께서 공급하시는 힘으로 하는 것같이 하라는 가르침이다. 여기의 '공급하다'라는 용어는 '코레게이'로서 '하나님께서 아낌없이 주는 것'으로 이해되는 단어이다. 즉, 항존직들이 교회에서 돈이나 재능이나 건강이나 시간을 봉사할 때 '나의 힘'이 아니라 '하나님께서 주시는 힘'으로 한다는 기본자세가 되어야 한다.

말씀 청종

1. 봉사직은 나로부터 출발해야 한다. 이에 대한 당신의 견해를 이야기해 보자.

2. 봉사의 경험담을 이야기해 보자.

3. 봉사를 위해 하나님께서 나에게 주신 것들이 있다. 몸(고전 6 : 19-20, 롬 12 : 1), 재능(마 25 : 14-30), 시간(엡 5 : 16), 물질(고후 9 : 7) 등이다. 믿음과 행함이 일치되는 나의 봉사와 섬김은 자신뿐 아니라 교회와 이웃들에게 유익을 줄 수 있다. 나의 몸이나 재능이나 시간이나 물질을 투자하여 할 수 있는 봉사가 무엇인지 계획해 보고 실천해 보자.

06 신앙생활론

앞에서 우리는 항존직이 갖추어야 할 덕목들에 대해서 이론적으로 살펴보았다. 본 단원에서는 실제로 항존직으로 살아간다는 것이 무엇을 의미하는지에 대해서 살펴보고자 한다. 아무리 많은 것을 안다 할지라도 그것을 실제 삶에 적용하지 못한다면 그 모든 앎은 무의미해지고 말 것이다. 앎은 실천되어질 때 비로소 우리의 능력이 되고 힘이 되는 것이다.

이 단원에서는 항존직의 청지기생활과 신앙생활, 사회생활, 직업생활과 가정생활에 대해서 살펴보려고 한다. 항존직은 관념이 아니라 실재이다. 추상적이 것이 아니라 구체적인 것이며, 막연한 것이 아니라 실제로 나타나는 생활이다. 따라서 이 단원에서는 이론적인 부분보다는 구체적으로 우리 삶 속에서 항존직으로 살아간다는 것이 무엇을 의미하는지에 대해서 곰곰이 생각해 보고자 한다. "모든 이론은 다 회색이고 영원한 것은 언덕 위의 푸른 소나무이다."라는 어떤 철학자의 말처럼 이 장에서는 회색 같은 이론은 걷어 버리고 가급적 푸른 소나무 같은 생활에 대해서 심도 있게 논의하며, 이를 통해 항존직으로서 우리 자신을 준비하는 것에 중점을 두고자 한다.

18과
청지기생활

오늘의 찬송 : 새 326장(통 368장), 새 322장(통 357장)

오늘의 말씀 : 디도서 1 : 5-9

오늘의 기도

학습목표

① 청지기직으로 살아가는 것의 중요성에 대해서 알 수 있다.

② 청지기로 살아가는 것이 어떻게 삶을 변화시키는지 느낄 수 있다.

③ 청지기로 살아가는 것에 대해서 실제로 훈련해 볼 수 있다.

말씀 보기

1. 바울은 전도여행을 하는 중에 그가 아끼고 사랑하는 디도를 그레데 섬에 남겨 두게 된다. 그 이유는 무엇이었는가?(5절)

2. 장로와 감독은 여기에서 같은 의미로 사용되고 있다고 볼 수 있다. 장로와 감독은 어떤 일을 하는 사람들인가?(9절)

3. 본문에는 감독을 하나님의 청지기라고 말하고 있다. 본문은 청지기의 태도에 대해서 뭐라고 말하는가?(7-9절)

강의 듣기

"태초에 하나님이 천지를 창조하시니라"(창 1 : 1)라는 말씀은 하나님께서 온 우주만물의 창조자이며 주인이심을 선포하는 말씀이다. 이것은 땅과 거기 충만한 것과 세계와 그중에 거하는 모든 것이 다 여호와의 것이라는 의미이다. 인간의 생명은 물론 산림과 짐승들과 은과 금, 그리고 토지까지 다 그분의 것이다(창 1 : 1, 시 24 : 1, 겔 18 : 4, 시 50 : 10, 학 2 : 8, 레 25 : 23). 그런데 하나님께서는 그분의 형상대로 사람을 지으시고 그에게 복을 주시며 "땅에 충만하라, 땅을 정복하라, 모든 생물을 다스리라"고 말씀하셨다. 이것은 하나님께서 사람에게 이 세상을 맡기시고, 잘 다스리도록 권한을 위임해 주셨다는 말이다. 따라서 모든 사람은 하나님께서 만드신 온 세상을 관리하는 청지기로 부름 받은 존재이며, 이런 의미에서 만물의 영장이라고 할 수 있을 것이다(창 1 : 27-28).

청지기라는 말이 가지고 있는 가장 큰 의미는 우리가 주인이 아니라는 것이다. 물론 청지기는 주인과 동등할 정도의 모든 권한을 위임받은 존재이다. 그럼에도 불구하고 잊지 말아야 할 사실은 이 모든 것들이 우리에게 맡겨졌을 뿐이므로 우리의 주인 됨을 주장해서는 안 된다는 것이다. 청지기는 또한 종과도 구분되는 말이다. 종은 주인이 시키는 일을 그대로 따라 하기만 하면 된다. 하지만 청지기는 그와는 다르다. 청지기에게는 모든 것들에 대해서 좀 더 광범위한 선택의 권한이 주어져 있다. 그리고 그는 이 모든 선택에 대해서 책임을 져야만 하는 것이다. 이러한 사실을 바로 알고 바로 행하는 사람은 복 있는 사람이다. 특별히 그리스도인들, 그중에서도 항존직들은 착하고 충성된 종이요 지혜 있고 진실한 청지기가 되어 하나님께서 맡기신 이 거룩한 특권과 책임을 잘 감당해 나가야 할 것이다(마 25 : 21, 눅 12 : 42).

하나님께서 우리에게 맡겨 주신 것들은 참으로 다양하고 광범위하다. 나의 생명과 몸, 시간, 가정, 물질, 지식, 재능, 복음, 교회, 이웃, 국가사회와 자연생태계 등 나와 직접, 간접적으로 관계된 모든 것들은 다 하나님께서 우리에게 맡겨 주신 것들이며, 그것들은 우리가 청지기로서 주인의 뜻대로 바르게 사용하며 관리해야 할 영역들이다. 본 과에서 우리는 이 모든 것들에 대해서 다 살펴보기보다는 그중에서 특별히 몇 가지만을 선택하여 청지기직의 중요성에 대해서 간단히 살펴보고자 한다.

1. 하나님으로부터 생명과 몸을 위탁받은 청지기

인간은 하나님의 영광을 위하여 창조되었고, 하나님을 위하여, 하나님 안에서, 하나님에 의해서 삶을 유지해야 하는 존재이다. 사도 바울은 "너희 몸은 너희가 하나님께로부터 받은 바 너희 가운데 계신 성령의 전인 줄을 알지 못하느냐 너희는 너희 자신의 것이 아니라 값으로 산 것이 되었으니 그런즉 너희 몸으로 하나님께 영광을 돌리라"(고전 6 : 19-20)고 말했다. 이는 하나님께서 우리의 생명과 몸의 주인이시니 우리가 가진 모든 것으로 하나님을 영화롭게 하라는 말씀이다. 우리는 나의 생명의 주인이 하나님이심을 고백하면서 내가 가진 모든 것으로 하나님께 봉사하고 충성을 다하는 헌신된 삶을 살아야 한다.

바울은 또한 "너희 몸을 하나님이 기뻐하시는 거룩한 산 제물로 드리라"(롬 12 : 1)고 했다. 하나님을 기쁘시게 하기 위해서는 우리의 몸을 건강하고 아름답게 관리하는 한편, 이 몸을 가지고 하나님을 섬기고 이웃을 사랑하는 성결된 삶을 이루어 가야 한다. 더 나아가 진정한 청지기는 자신의 생명까지도 하나님께 기꺼이 드릴 수 있는 믿음의 사람이 되어야 한다. 아브라함이 아들 이삭을 아낌없이 하나님께 드릴 수 있었던 믿음, 그리고 예수께서 십자가를 앞에 놓고 "나의 원대로 마시옵고 아버지의 원대로 하옵소서"(막 14 : 36)라고 하신 것은 생명까지도 하나님의 것임을 고백하는 위대한 믿음의 표본이다.

바울은 "우리 중에 누구든지 자기를 위하여 사는 자가 없고 자기를 위하여 죽는 자도 없도다 우리가 살아도 주를 위하여 살고 죽어도 주를 위하여 죽나니 그러므로 사나 죽으나 우리가 주의 것이로다"(롬 14 : 7-8), "그런즉 너희가 먹든지 마시든지 무엇을 하든지 다 하나님의 영광을 위하여 하라"(고전 10 : 31)고 말했다. 우리도 이 같은 모습을 본받아 생명과 몸을 위탁받은 청지기로서의 신앙고백적인 삶을 살아야 한다. 나의 몸과 생명은 하나님의 것이다. 그러므로 나의 몸을 육신의 소욕을 따라 함부로 사용해서는 안 되며, 깨끗하고 건강하고 아름답게 가꾸어서 하나님의 뜻대로 사용해야 한다.

이런 점에서 우리가 항존직이 된다는 것은 아주 중요한 의미를 담고 있다. 이 직분을 감당한다는 사실 자체가 이미 우리 몸을 하나님께서 기뻐하시는 일을 위해 사용하고 있음을 의미하는 것이다. 바울은 그리스도인들을 향해 감독의 직분을 사모하는 것이 바람직하고 아름다운 일임을 일깨우고 있는데(딤전 3 : 1), 여기서의 직분은 계급이나 위계질서 속에서 위로 올라가는 것을 의미하는 것이 아니라 교회의 특별한 기능임을 말하고 있다. 직분을 감당한다는 것은 교회 속에서 나에게 맡겨진 일을 감당한다는 말과 동일하다. 이 기능을 통해 하나님의 교회를 세워 나가는 중대한 일을 감당하게 되는 것이다. 따라서 우리에게 주어진 이 직분의 기능을 잘 수행할 때 우리 자신을 하나님께 제물로 드리는 것이 되는 것이다.

2. 시간을 관리해야 하는 청지기

하나님께서는 모든 사람에게 시간을 맡겨 주시고 이 시간을 지혜롭게 사용하여 살아갈 것을 명하셨다. "그런즉 너희가 어떻게 행할지를 자세히 주의하여 지혜 없는 자 같이 하지 말고 오직 지혜 있는 자 같이 하여 세월을 아끼라 때가 악하니라"(엡 5 : 15-16). 이 세상에 할 일은 많이 있는데 우리의 시간은 제한되어 있다. 시간은 멈출 수 없고 보관할 수 없으며, 늘릴 수도 없고 잡아맬 수도 없으며 눈 깜짝할 사이에 지나가고 만다. 그러므로 우리는 시간을 황금보다 더 귀중히 여기고 아끼며 이를 잘 관리하여 세월을 허송하지 않아야 한다. 이를 위해서 시간 사용의 우선순위를 정해 놓고 그에 따라 계획적으로

절약하여 사용하고, 시간을 잘 지켜 규칙적으로 생활하며, 자투리 시간을 활용하여 낭비되고 허비되는 시간이 없도록 해야 한다. 또한 하나님께서 주시는 좋은 기회를 무관심과 게으름으로 인해 놓치는 일이 없도록 늘 깨어 있어야 한다.

여기서 잠깐, 예전 학창시절에 시간표를 만들던 생각을 하면서 우리의 하루 일과표를 한번 그려 보자. 우리의 삶을 한눈에 파악할 수 있도록 가능한 한 구체적으로 그려야 할 것이다. 그리고 난 다음 몇 가지 우리의 시간 사용에 대해 검토해 보자.

1. 당신은 하루 중에서 어떤 일에 가장 많은 시간을 투자하고 있는가?

____

2. 좀 늘이거나 줄여야 되겠다고 생각되는 부분은 없는가?

____

3. 당신은 어떤 시간을 가장 중요하게 생각하고 있는가?

____

아무리 사회가 복잡하고 생업에 분주하다 해도 하나님을 섬기며 하나님께 드리는 시간(예배, 기도)을 소홀히 여기거나 아까워해서는 안 된다. 더 나아가서 이 같은 소극적인 의미에서가 아니라 보다 적극적인 의미에서 이 시간을 가장 소중하게 생각할 수 있어야 한다. 내게 주어진 모든 시간 중에서 하나님을 만나고 그분과 교제하는 시간이야말로 소중한 시간이다. 특히 주일을 거룩하게 지키는 것은 우리의 모든 날이 하나님의 것이라고 고백하는 신앙적 의의가 있으므로 반드시 실천해야 한다. 내게 주신 시간을 전적으로 시간의 주인이신 하나님의 뜻에 맞도록 값지게 써야 한다. 그리고 이 시간을 잘 활용하기 위해서는 하나님과 영적 교제를 깊고 성실하게 가져야 하겠다.

3. 물질을 바르게 사용해야 하는 청지기

칼빈은 "자신이 하나님의 청지기이며 그 모든 소유가 다 하나님의 것이라고 고백하는 사람에게는 돈이 하나님의 은혜가 되지만, 반대로 자기가 청지기임을 인정하지 않는 사람에게는 돈이 저주가 된다."고 말했다. 이 말은 곧 물질의 주인은 하나님이시고 우리는 이 세상에 사는 동안 모든 물질을 위탁받은 청지기임을 잘 일깨워 준다. "누구든지 금전에 관하여 청지기 직분을 잘 완수한다면 그는 다른 부분에서도 청지기직에 충실할 것이 틀림없다."는 말에서 알 수 있듯이 물질에 관한 문제야말로 청지기 직분의 시금석이라고 할 수 있다.

하나님께서 주신 물질을 올바로 관리하기 위해서는 우선 물질에 관한 바른 이해를 갖는 것이 중요하다. 성경은 "돈을 사랑함이 일만 악의 뿌리가 되나니"(딤전 6 : 10)라고 말한다. 즉, 돈 자체가 악한 것이 아니라 돈을 사랑하고 돈을 하나님처럼 떠받드는 유물론적 사고와 돈의 노예가 되는 그것이 악하다는 것이다. 따라서 청지기 된 우리는 신앙생활과 물질생활을 이원론적으로 분리하거나 돈을 숭배하고 섬겨서는 안 되며, 주어진 재물을 하나님의 뜻에 따라 올바로 관리해야 한다.

하나님의 뜻대로 재물을 관리한다는 것은 먼저 올바른 방법을 통해 재물을 획득해야 한다는 것을 뜻한다. 뇌물이나 가짜 저울 혹은 임금을 착취하는 것과 같은 불의한 방법으로 재물을 모아서는 안 된다(출 23 : 8, 암 8 : 5-6, 약 5 : 4). 불의의 재물로는 하나님을 기쁘시게 할 수 없으므로 우리는 하나님께서 인정하시는 정당한 노력의 대가로 물질을 얻어야 한다.

또한 재물에 대한 충성된 청지기는 물질을 하나님의 뜻에 따라 올바르게 사용해야 한다. 우리가 어떻게 물질을 사용하는가를 살펴보면 우리가 청지기의 역할을 잘 감당하고 있는지의 여부를 알 수 있다. 여기서 잠깐, 우리의 한 달 수입과 우리가 그것을 어떻게 사용하고 있는지를 검토해 보자. 우리는 지금까지 우리가 벌어들인 물질을 어떻게 사용하고 있는지에 대해서 제대로 생각해 볼 여유를 가지지 못한 채 지나왔을 수도 있다. 쉽지 않겠지만 가능한 한 진실하게 생활명세표를 작성해 보고 다음의 물음들에 대답해 보는 일이 필요할 것이다.

1. 나는 어떤 부분에 가장 많은 돈을 사용하고 있는가?

2. 좀 더 늘리거나 줄여야 될 부분은 없는가?

3. 이제껏 물질을 사용함에 있어서 기준이 되었던 원칙은 무엇인가?

물질을 하나님의 뜻에 맞게 사용한다는 것은 자신의 생활의 기본적 수요를 충족시키는 데에서 더 나아가 먼저 하나님께 감사하는 마음으로 헌금하고, 구제하며, 널리 이웃에게 유익하도록 사용하는 것이다. 재물에 대한 청지기직은 십일조 제도에서 분명하게 나타난다. 성경은 우리의 소득의 십일조만이 아니라 땅의 소산, 나무의 열매, 그 모든 것의 십일조가 하나님의 것이라고 말한다(레 27 : 30). 십일조를 드리는 것은 자기의 전 재산과 소유가 하나님의 것임을 인정하는 청지기의 신앙고백적 행위이므로 하나님의 백성들이 반드시 실천해야 할 의무이다. 그러면 그 나머지 부분에 대해서는 어떠한가? 그 나머지는 내 마음대로 사용해도 된다는 말인가? 그렇지 않다. 그 나머지 부분에 대해서도 하나님께서 기뻐하시는 것을 위해 사용할 수 있어야 한다. 그리고 우리의 물질이 어떻게 사용되는지를 보면 우리가 진실한 신앙생활을 하고 있는지의 여부를 볼 수 있게 되는 것이다.

앞서 지적한 바와 같이 하나님께서 우리에게 맡겨 주신 것에는 이보다 훨씬 더 많은 것들이 있다. 우리는 우리의 재능과 교회와 세상을 위탁받아 관리하는 하나님의 청지기이다. 하지만 이 시간에는 우리의 구체적인 삶 속에서 확인할 수 있는 사항들에 대해서만 간략하게 살펴보았다. 이것을 통해 우리 자신의 청지기직이 어떻게 실천될 수 있는지에 대해서 다시 한번 재고할 필요가 있을 것이다. 맡은 자에게 구할 것은 충성이다. 우리는 내게 맡겨진 것 이외의 것에 대해 시간을 낭비해서는 안 된다. 내게 재능이 없는 것, 내게 맡겨진 것이 아닌 것에 욕심을 내면 발전도 없고 결국 실패할 뿐이다. 예수님은 달란트 비유의 말씀을 통하여 열심히 장사하여 남긴 자는 칭찬과 상을 받고, 남기지 못한 자는 책망과 심판을 받게 된다는 것을 깨우쳐 주셨다. 그러므로 우리는 악하고 게으른 종이 아니라 착하고 충성된 종이 되어 최선을 다하여 우리에게 맡겨진 것들을 잘 유지, 관리하고 더욱 발전시켜 나가야 한다. 그리할 때 교회는 아름답고 건강하게 성장하며, 하나님께서 크게 기뻐하시고 우리를 착하고 충성된 종이라 칭찬하여 주실 것이다.

† 말씀 청종

1. 지금까지 자신이 가지고 있는 시간과 물질에 대해서 어떤 원칙을 가지고 살아왔는가?

---

2. 앞서 작성해 본 하루 일과표와 생활명세표를 이제 청지기라는 관점에서 새롭게 바꾸어 본다면 어떻게 달라질 수 있겠는가?

---

3. 달란트를 활용하여 남기는 것이 무엇인지 한번 구체적으로 경험해 보자. 미리 만 원 정도를 달란트로 준비하여 학습자에게 전달하도록 하자. 이것은 이번 주간 각자에게 맡겨진 달란트이다. 이제 그 달란트를 가지고 일주일 동안 열심히 무엇인가를 남겨 다음 주에 결산하도록 한다(김장환. 「전 교인에게 만 원씩 주었더니 – 현대판 달란트 비유 체험기」〈나침반, 1997〉 참고).

19과
신앙생활

오늘의 찬송 : 새 259장(통 193장), 새 341장(통 367장)

오늘의 말씀 : 고린도후서 3 : 12-18

오늘의 기도

학습목표

① 신앙생활의 중요성을 알 수 있다.

② 온전한 신앙생활을 통해 하나님의 함께하심을 느낄 수 있다.

③ 부족한 부분을 보완하여 균형 잡히고 온전한 신앙생활을 영위할 수 있다.

말씀 보기

1. 성경을 보면 모세가 십계명을 가지고 시내산에서 내려올 때 얼굴이 매우 빛났으며, 이 때문에 얼굴을 수건으로 가려야 했다고 기록되어 있다(출 34 : 29-35). 오늘 본문에서 바울은 모세가 얼굴을 가린 이유가 무엇이었다고 말하고 있는가?(13절)

2. 수건을 쓴다는 것은 무엇을 의미하는가?

3. 우리가 수건을 벗어 던지기 위해서는 어떻게 해야 하는가?(16-18절)

강의 듣기

교회의 항존직은 우리 스스로 감당할 수 있는 것이 아니다. 하나님께서는 교회를 위해 친히 항존직을 세우셨다. 따라서 언제나 하나님의 뜻을 묻고 그분의 인도하심을 따르려는 자세를 취해야 한다. 날마다 새로운 은혜를 사모하여야 한다. 우리가 꼭 잊지 말아야 하는 것은 은혜는 한 번 받고 마는 것이 아니라는 사실이다. 끊임없이 우리 가운데 주어지지 않으면 안 되는 것이기에 겸비함으로 하나님 앞에 나아가야 한다. 노아처럼 하나님의 인정을 받았던 의인도 이 은혜를 사모하는 생활을 소홀히 했을 때 술 취하게 되고, 자식을 저주하게 되었다. 신앙생활은 마치 자전거를 타는 것과 비슷하다. 자전거를 탈 때 가만히 있으면 넘어지게 된다. 끊임없이 페달을 밟을 때만이 넘어지지 않고 앞으로 나아갈 수 있는 것처럼 신앙생활도 끊임없이 은혜의 페달을 밟을 때 문제를 넘어 성숙의 자리로 나아가게 될 것이다. 항존직이라는 자리는 이전보다 더 큰 은혜를 사모하기 위해서 우리에게 주어진 것임을 잊지 말아야 한다.

1. 항존직의 신앙사상(딤전 1 : 3-7)

항존직의 신앙사상을 무엇이라 말할 수 있을까? 이적과 기사를 구하며 이것을 통해서만 하나님의 통치를 믿는다는 신앙의 기반을 가진 이들도 있다. 또한 지적이고 철학적인 사고를 통해서 신앙의 기반을 쌓을 수 있다는 관점도 있는데 이러한 신앙은 초월적인 하나님의 신비 경험을 제한할 수 있다. 위의 두 가지 중 한쪽으로만 치우친다면 균형 잡힌 신앙생활을 할 수 없게 되며 바른 지도력과 섬김의 삶을 살기 힘들게 된다. 우리의 가장 중요한 신앙의 기반은 십자가에서 죽으시고 사신 예수 그리스도께 두어야 한다. 십자가 신앙은 우리로 하여금 십자가의 길을 따르게 한다. 우리에게 맡겨진 십자가를 기꺼이 지려 할 때 주님은 우리와 함께 하신다. 개인, 가정, 직장, 교회, 국가를 위해 십자가를 짐으로 부활의 소망과 기쁨이 흐르게 해야 한다.

이 십자가 신앙은 우리로 하여금 청결한 마음을 갖게 한다. 청결한 마음은 무엇인가? 그것은 때 묻지 않은 마음이고, 더럽혀지지 않은 마음을 말한다. 왜 항존직에게 청결한 마음이 필요한가? 항존직은 교회의 리더이다. 리더는 다른 사람들을 이끌고 앞으로 나아갈 수 있어야 한다. 그런데 다른 사람을 이끌고 나아갈 수 있는 힘은 어디서 생기는가? 바로 이 청결한 마음에서 비롯된다. 세상은 깨끗한 것을 두려워하기에 깨끗한 것 앞에 굴복하게 되어 있다. 깨끗한 것 속에 세상을 움직이는 힘이 있다. 항존직들에게 이 같은 청결한 마음이 있어야 하겠다.

십자가 신앙은 우리로 하여금 선한 양심을 갖게 한다. 오늘날 우리는 양심까지도 사고파는 양심 없는 시대를 살고 있다. 사회가 혼탁해지는 이유는 사회에 속해 있는 성도의 양심이 바르지 못하기 때문이기도 하다. 이러한 때에 항존직들은 십자가 신앙으로 갖게 된 선한 양심으로 혼탁한 세상에 선한 영향력을 미쳐야 하겠다. 비뚤어진 사회를 바로 세워야 할 책임과 사명이 우리에게 있다.

또한 십자가 신앙은 거짓이 없는 믿음으로 우리를 나아가게 한다. 모세가 수건을 써야 했던 이유가 어디에 있는가? 그것은 자신의 부족한 면을 가리려고 한 것이다. 거짓이 없는 믿음은 위선적이지 않고, 이중적인 신앙상태를 취하지 않는다. 십자가 신앙은 우리를 날마다 새롭고 깊은 은혜로 초대한다. 주님과의 온전한 교제가 이루어지는 항존직들의 신앙생활은 교회를 아름답게 하며 성령의 역사의 통로가 될 것이다.

마지막으로 십자가 신앙은 우리를 사랑으로 나아가게 한다. 십자가는 온전한 사랑이다. 그것은 죽기까지 감당하는 사랑이다. 이 사랑이야말로 모든 항존직들이 간직해야 하는 소중한 것이다. 사랑이 없으면 우리의 사역은 아무것도 아니다. 그런데 이 사랑에는 반드시 따라오는 것이 있다. 즉, 이해가 따라야 하고, 용서가 따라야 하고, 거룩한 낭비가 따라야 한다. "사랑은 계산이 없다."라는 말이 있다.

2. 항존직의 신앙 자세(벧전 5 : 1-3)

항존직의 신앙생활이 특별히 중요한 이유는 교회 안의 모든 사람들에게 신앙의 본이 되기 때문이다. 물론 모든 교인들이 항존직의 신앙과 똑같은 모습으로 변화되는 것은 아니다. 그렇지만 분명히 명심해야 하는 점은 일반적으로 교회의 성도들의 영적인 수준은 그 교회를 이끌어 나가는 항존직들의 수준을 넘어설 수 없다는 사실이다. 따라서 그 교회의 영적인 수준은 곧 항존직들의 영적인 수준이라고 해도 과언이 아니다. 교인들에게 특별히 영성생활을 강요할 필요가 없다. 단지 항존직들이 모범을 보이기만 하면 된다. 항존직들의 신앙생활이 올바르기만 하면 전체 교인들의 신앙생활도 건강해지는 것이다. 이런 의미에서 항존직들의 신앙생활이야말로 교회 전체의 신앙을 결정하는 중요한 요인이 된다.

항존직들이 가져야 할 몇 가지 중요한 신앙적 자세에 대해 생각해 보자. 먼저 항존직은 주의 날을 존귀하게 여기는 자세를 가져야 한다(사 58 : 13-14). 주의 날은 예배의 날이고(출 20 : 8), 거룩히 지켜야 하는 날이고(느 13 : 15-22), 주님의 은총과 위로를 받았기에 기쁘게 지키는 날임을 잊지 말아야 한다.

또한 항존직들은 예배를 존중히 여기는 자세를 가져야 한다(요 4 : 24). 예배는 예수 그리스도를 중보로 하여 하나님과 예배자가 만나는 것으로, 그 본질은 받은 바 하나님의 은혜에 대해서 믿음으로 응답하는 것이다. 예배의 목적은 하나님께 영광을 돌리기 위함이며, 이 예배의 중심은 사람이나 사물이 아니라 바로 하나님이심을 기억해야 한다. 바로 이러한 이유 때문에 '축하예배'라고 사용해서는 안 된다. 예배의 대상은 하나님이시지 축하받는 사람이 아니기에 '축하예식' 혹은 '~에 대한 감사예배'라고 하는 것이 바람직하다. 항존직들은 예배의 모든 요소에 관해 전문가가 되어야 한다.

또한 항존직들은 헌금을 드리는 데 있어서도 올바른 자세를 가져야 한다. 헌금은 감사의 표현이며, 신앙의 표현이고(고후 9 : 7), 헌신의 표현이다. 그러므로 헌금은 계획적으로 수입에 알맞게, 청지기같이(신 8 : 17–18), 각자가(고전 16 : 2), 최상의 것으로(레 22 : 2, 말 1 : 7–10) 드려야 한다.

구약시대에는 헌금의 표준이 십일조였다면, 신약시대에는 이러한 헌금 전부를 드리는 성도들도 있었다. 헌금을 드릴 때는 몸과 정성, 땀과 노력, 기술과 함께 드린다는 신앙을 가져야 한다. 헌금은 이미 주신 하나님의 은혜에 대한 감사로 드리는 것이지 무엇인가를 받기 위해 드리는 것이 아님을 잊지 말아야 할 것이다.

3. 항존직의 신앙생활

열심히 신앙생활을 하다가도 막상 항존직이 되고 나면 신앙의 열정이 식는 경우를 종종 보게 된다. 이것은 무언가 직분에 대한 오해가 있는 것이다. 모든 항존직들은 하나님의 부름을 받은 자이다. 소명은 '카레오'(kaleo)라는 헬라어로서 그 뜻은 '소환, 호출, 초청'이다. 우리를 직분자로 부르기 위해 하나님께서는 굉장한 대가를 지불하셨다. 곧 하나뿐인 독생자 예수 그리스도를 십자가에 못 박아 희생하심으로 우리를 불러 주신 것이다. 따라서 우리는 이 희생의 대가를 잊지 말고 죽도록 충성해야 한다.

먼저 모든 성도들과 마찬가지로 항존직들은 기도생활을 게을리해서는 안 된다. 기도는 하나님과 대화하는 시간이다. 기도는 참마음으로(히 10 : 22), 믿음으로(마 21 : 22), 인내로서(눅 18 : 1–7) 해야 한다. 기도는 항상(골 4 : 2), 환난 때(시 50 : 15), 정한 시간에(시 55 : 17, 막 1 : 35) 해야 한다. 빌리 그레이엄 목사는 "기도는 아침의 열쇠요, 저녁의 자물쇠"라고 했다. 항존직들에게 기도는 다른 사람들과 조금 다른 특별한 의미가 있음을 알아야 한다. 사무엘상 12 : 23에 보면 사무엘은 백성을 위해 기도하기를 쉬는 것을 죄라고 말하고 있다. 특별히 항존직들에게는 온 교인들을 위해서 늘 깨어서 기도해야 하는 사명이 주어져 있음을 알아야 한다.

또한 규칙적으로 성경 읽는 생활을 하여야 한다. 매일의 일용할 양식을 하나님의 말씀을 통해 얻을 때 그의 삶과 기도는 풍성해질 것이다. 성경을 하루에 5페이지씩 읽으면 1년에 신구약을 통독할 수 있는데 항존직들에게 1년 1독 이상을 꼭 권장한다.

또한 전도하는 생활을 하여야 한다. 전도는 예수님의 지상명령이다. 때를 얻든지 못 얻든지 복음을 전파해야 한다. 전도는 개인전도, 문서전도, 노방전도, 해외선교 등이 있다. 이 중 어떠한 방법을 통해서든 항존직들은 땅 끝까지 예수님의 죽음과 부활을 증거하는 사명을 감당할 수 있어야 한다.

마지막으로 항존직들은 하나님의 부르심에 합당한 생활을 해야 한다. 오늘날의 문제는 우리의 신앙이 실제의 생활과 연결되지 못하기 때문이라고 해도 과언이 아니다. 신앙생활은 단순히 교회 안에서의 생활을 의미하는 것이 아니라 우리의 모든 삶 전반과 관련된 것임을 잊지 말아야 한다. 우리의 모습 속에서 겸손하고 온유하며, 참고 인내할 줄 알며, 사랑하고, 평화를 이루는 삶을 살아갈 수 있어야 할 것이다. 이를 위해서 우리가 가장 염두에 두어야 할 것은 우리의 언어생활이다. 여기서는 특별히 하지 말아야 할 말 다섯 가지와 해야 할 말 다섯 가지에 대해서 살펴보고자 한다.

▶ 하지 말아야 할 말 다섯 가지

① 거짓말(엡 4 : 25)
② 희롱의 말(엡 5 : 4)
③ 형제 이간의 말(잠 6 : 16-19)
④ 자기 자랑의 말(시 12 : 3)
⑤ 불평의 말(시 37 : 1)

▶ 해야 할 말 다섯 가지

① 예, 아니오를 분명히(마 5 : 37)
② 참된 것(엡 4 : 25)
③ 덕을 세우는 선한 말(엡 4 : 29)
④ 위로의 말(살전 4 : 18)
⑤ 칭찬과 격려의 말(살전 5 : 13-14)

말씀 청종

1. 항존직에게 신앙생활이 중요한 이유는 무엇인가?

2. 지금까지 신앙생활을 해 오는 과정에서 가장 부족하다고 느끼는 부분을 서로 이야기해 보자.

3. 신앙생활 가운데 부족한 부분을 보완하기 위해서 어떻게 해야 할지에 대해서 이야기해 보자.

20과
사회생활

오늘의 찬송 : 새 552장(통 358장), 새 502장(통 259장)

오늘의 말씀 : 사무엘하 5 : 4-10, 사도행전 24 : 1-9, 마태복음 5 : 13-16

오늘의 기도

학습목표

① 항존직이 사회생활에 어떻게 조화될 수 있는지를 알 수 있다.

② 항존직으로서 세상에 선한 영향을 끼치는 삶을 사는 것의 중요성을 느낄 수 있다.

③ 신앙인으로서 멋있는 삶을 살아갈 수 있다.

말씀 보기

1. 사무엘하 5 : 4-10에는 다윗이 예루살렘을 정복한 기사가 나온다. 예루살렘은 다윗이 정복하기 전까지 여부스 사람의 땅이었지만 그 이후에는 이름이 달라진다. 달라진 새 이름은 무엇인가?(9절) 이름이 달라졌다는 것은 무엇을 의미하는가?

2. 사도행전 24 : 1-9에서는 바울이 복음을 증거하다 잡혀서 재판을 받는데 더둘로라는 매우 유능한 변호사가 바울을 고발하는 면을 볼 수 있다. 여기서 더둘로는 바울을 가리켜서 무엇이라고 말하고 있는가?(5절)

3. 소금과 빛, 다윗과 바울, 그리고 염병은 다 한 가지 공통점을 가지고 있다. 이들의 공통점은 무엇이라고 생각하는가?

강의 듣기

하나님께서는 교회를 세상 가운데 세우셨다. 이것은 교회의 사명을 극명하게 보여 준다. 하나님의 관심은 궁극적으로 교회를 통해 이 세상을 향하고 있다. 성경은 "하나님이 세상을 이처럼 사랑하사"라고 말해 준다. 하나님께서는 교회를 통해 세상을 구원하기를 원하신다. 교회는 언제 어디서든 이 세상을 구원하는 그 목적을 잊어서는 안 된다. 또한 교회가 이 세상을 구원하는 기능을 감당하기 위해서 교회는 끊임없이 세상에 선한 영향을 미칠 수 있어야 한다. 그리스도인이란 세상에 충격을 주는 존재들이며, 그리스도인들이 들어가는 곳마다 변화가 일어나야 한다. 복음의 혁명, 구원의 역사가 일어날 수 있어야 한다. 다윗이 '여부스 사람의 땅'을 '다윗성'으로 변화시켰듯이 그리고 바울이 가는 곳마다 염병처럼 다른 사람들을 변화시켰듯이 그리스도인들 또한 가는 곳마다 세상에 영향을 미치고 세상을 하나님의 나라로 변화시킬 수 있어야 한다. 그렇다면 본 과에서는 어떻게 그러한 변화를 일으킬 수 있는지에 대해서 요셉의 생애를 통해 간단하게 살펴보고자 한다.

1. 미래를 생각하는 삶

그가 태어난 가정의 경제적 환경이나 아버지의 사랑은 충분한 것으로 보인다. 어린 요셉은 그 환경과 사랑에 안주하는 삶보다는 미래를 꿈꾸는 사람이었다. 그런 그의 희망이 꿈으로 나타난 듯한데, 그는 어느 날 형들과 함께 들에 나가 곡식을 베어 단을 묶었는데 형들의 단이 자신의 단에다가 절하는 꿈을 꾸었다. 또 다른 꿈도 꾸었다. 어느 날 요셉이 들에 나가 하늘을 우러러보니 해와 달, 그리고 열한 개의 별이 요셉에게 절하는 꿈이었다. 이 꿈 때문에 형들의 시기를 받아 노예, 종, 죄수로 떨어져 내려갔는데도 그는 결코 미래에 대한 소망을 포기하지 않았다. 얼마나 미래의 소망을 소중하게 여겼는지 감옥에서도 그는 늘 미래를 생각했으며, 결국 그의 미래에 대한 소망은 이루어지게 되었다.

잠언 14 : 32의 "의인은 그의 죽음에도 소망이 있느니라"라는 말씀처럼 요셉은 죽을 자리에까지 내려가면서도 그의 미래의 소망을 포기하지 않았다. 호세아 2 : 15에는 "아골 골짜기로 소망의 문을 삼아……."라는 말씀이 있다. 아골 골짜기란 저주의 골짜기, 죽음의 골짜기를 의미한다. 그런데 적극적인 삶을 사는 사람, 즉 포기하지 않는 사람들은 그런 곳을 소망의 문으로 삼게 된다는 말이다. 요셉은 그런 사람이었다. 우리는 바로 이런 원리를 배워야 한다. 쉽게 포기하지 말자. 인생을 너무 간단히 평가하지 말자. 죽음에서도 소망을 잃지 않는 삶, 이것이 하나님의 사람으로 살 수 있는 인생의 비결이다.

2. 믿음으로 사는 삶

그는 언제나 하나님을 의식하고 하나님께서 함께 계심을 믿는 삶을 살았다. 보디발의 아내와의 사건에서도 이것을 잘 알 수 있다. 요셉이 보디발 장군 집에 팔려 가서 아내 외에는 모든 것을 위임 받을 만큼 신임과 지도력을 인정받게 되었다. 보디발의 아내는 요셉을 유혹하기 시작했고 그때마다 요셉은 단호히 거절했다. 요셉은 "내가 어찌 이 큰 악을 행하여 하나님께 죄를 지으리이까"(창 39 : 9)라고 말하면서 유혹을 거절한 것이다. 이것은 모든 삶과 상황 가운데 하나님께서 지켜보신다는 믿음의 발로이다. 진정한 신앙은 이렇게 모든 상황에서도 우리를 지켜보시는 살아 계신 하나님의 섭리를 깨닫는 것이다. 자신의 삶의 모든 부분이 하나님의 눈앞에서 이루어짐을 깨닫는 삶, 그것이 바로 믿음의 사람들이 마땅히 가져야 할 올바른 신앙의 자세요, 삶의 자세이다.

흔히 사람들은 외진 곳이나 사람들이 보지 않는 곳은 아무도 보는 이가 없다고 생각한다. 그러나 신앙을 가진 사람들은 자신이 서 있는 그곳에 하나님께서 함께 계시고 우리를 눈여겨보신다는 것을 믿는 자들이다. 요셉의 인생은 언제나 하나님 앞에서 자신의 삶이 이루어지고 있음을 고백하는 삶이었다.

하나님과 함께한다는 용기와 함께 하나님께서 지켜보신다는 두려움이 겸비된 신앙이었다. 신앙인이라면 누구나 본받아야 할 귀한 신앙생활의 모습이다. 이런 신앙은 그가 옥에 갇혀 있는 동안에도 자신의 삶을 흐트러지게 하지 않고 소홀히 할 수 없었던 힘이 되었다. 로마서 1 : 17에 "오직 의인은 믿음으로 말미암아 살리라"라는 말씀대로 그는 믿음으로 삶을 이어 갔으며 마치 디모데전서 6 : 12에 "믿음의 선한 싸움을 싸우라"는 말씀대로 그는 믿음으로 난관을 싸워 이겨 나간 것이다. 요셉이 그런 역경에서도 재기했던 멋진 삶은 바로 이런 신앙의 뒷받침이 있었다.

3. 포용하는 삶

요셉은 넓은 마음의 소유자였다. 총리가 된 요셉은 자신을 궁지에 몰아넣거나 은혜를 잊은 자들에게 보복할 수 있는 기회와 힘을 가지게 되었다. 그러나 요셉은 그런 일을 하지 않았다. 보디발의 아내를 책했다는 기록을 어디에서도 찾아볼 수 없다. 또 형들에게도 보복하지 않았다. 과거 자신들이 범한 죄를 아는 형들은 요셉과의 재회 후 늘 불안해 하였다. 아버지 야곱이 세상을 떠난 후 더욱 안절부절못하게 되었다. 그들은 요셉에게 나아가 아버지가 살아 계실 때 형들의 잘못을 용서하라고 말씀하셨음을 상기시켰다. 이 말을 들은 요셉은 울면서 형들을 이미 용서했다는 것과 이 모든 일들이 하나님의 계획으로 이루어진 것이라고 말하고 형제들을 안심시키며 그들을 포용한다. 이 얼마나 넓은 마음인가? 요셉이라는 이름의 뜻은 '더한다'는 의미로 아무리 역경과 괴로움이 다가와 그의 인생을 손상시키며 험난하게 할지라도 포기하지 않으며 오히려 포용하는 더하기의 삶을 살았던 것이다.

예수님을 믿는 사람들은 생각이 협소하고 이해력이 부족하다는 소리를 듣곤 한다. 이는 진리를 고수하기 위하여 타협하지 않기 때문이라고 변명할 수도 있겠지만 동시에 신앙인들이 다른 사람들을 포용하고 용서하는 아량이 부족하다는 말도 될 것이다. 요셉의 생애를 보면서 진정 믿음의 사람들은 자신에게는 철저하면서도 다른 사람에 대하여서는 포용력이 있어야 함을 깨닫게 된다.

요셉은 가는 곳마다 자신의 삶을 통해 사람들에게 영향력을 행사했다. 그리스도인은 세상에 충격을 주고, 세상을 변화시키기 위해 하나님의 부르심을 받은 존재들이다. 항존직으로서 우리는 이 세상에 좋은 영향력을 행사하는 자가 되어야 한다. 이러한 영향력을 행사할 수 있는 비결은 우리가 속한 사회 속에서 언제나 매력적인 존재가 되는 데 있을 것이다. 모든 일을 긍정적으로 바라보며, 아무도 없을 때조차라도 하나님 앞에 서 있듯 정직하게 행하며, 모든 사람들의 잘잘못을 따지기보다는 그들을 포용하고 이해하는 멋있는 삶을 살 때 세상은 우리를 통해 충격을 받게 되고 변화가 일어나게 될 것이다. 우리 모두가 이러한 변화를 이루어 내어 이 땅에 하나님의 나라를 이루는 충성된 일꾼이 되어야 할 것이다.

말씀 청종

1. 그리스도인으로서 사회에 영향력 있는 자로 살아가기 위해서는 어떠한 삶을 살아야 한다고 생각하는가?

2. 그리스도인으로 멋있게 살아간다는 것은 무엇을 의미하는가?

3. 내가 다른 사람에게 미칠 가장 좋은 영향력은 무엇인가?

21과
직업생활

오늘의 찬송 : 새 347장(통 382장), 새 215장(통 354장)

오늘의 말씀 : 다니엘 1 : 8-21

오늘의 기도

학습목표

① 직업과 일이 하나님의 복임을 알 수 있다.

② 직업과 일을 통해 하나님의 선하신 계획이 있음을 깨달을 수 있다.

③ 직업을 통해 하나님께 영광 돌리는 삶을 살아갈 수 있다.

말씀 보기

1. 다니엘은 왜 왕의 음식과 포도주를 거절했는가?(8절)

____

2. 다니엘은 환관장에게 무엇을 제안했는가?(12-13절)

____

3. 다니엘과 세 친구가 왕궁에서 인정을 얻게 된 까닭은 무엇인가?(15, 20절)

____

강의 듣기

성경의 첫 장에서부터 우리는 일하시는 하나님을 만나게 된다. 태초에 천지를 창조하신 하나님께서는 계속해서 운행하시고, 명하시고, 나누시고, 이름을 붙이신다. 우리는 성경에서 이 모든 것들이 어떻게 잘되었는지를 살피시는 하나님의 모습을 볼 수 있다. 성경의 하나님은 언제나 일하시는 분으로 묘사되고 있다. 하나님과 일은 뗄 수 없는 불가분의 관계라고 해도 과언이 아니다. 그런데 하나님께서는 사람에게도 이 일을 복으로 주셨다. 우리에게 주어진 모든 일은 하나님의 복된 계획 중 하나이다. 우리는 일을 함으로써 성취감과 만족감, 인간 존재에 대한 존엄성을 얻을 수 있다. 항존직이 된다는 것은 이전에 하던 모든 일들의 가치를 새롭게 자각하고, 감당하고 있는 모든 일들에 대해서 좀 더 성경적이고, 섭리적인 신앙의 안목을 가지고 성실히 임해야 함을 의미한다.

1. 삶과 직업(창 1 : 26-29)

사람은 누구나 일하면서 살아간다. 일이란 휴식과 놀이를 제외한 모든 활동을 말하는데 인간 삶의 수단과 방법이라 할 수 있다. 일이 없는 현대인들과 일에 파묻힌 현대인들 둘의 모습 모두 삶의 곤경을 겪게 된다. 그러므로 일은 인간의 책임인 동시에 불가피한 운명이라 해도 과언이 아니다.

창조주 하나님께서는 우주 창조의 과업을 끝내시고 인간을 지으신 후 만물의 영장의 사명을 맡기셨는데 그것이 곧 일이었다(창 1 : 26-29). "하나님이 그들에게 복을 주시며 하나님이 그들에게 이르시되 생육하고 번성하여 땅에 충만하라, 땅을 정복하라, 바다의 물고기와 하늘의 새와 땅에 움직이는 모든 생물을 다스리라 하시니라"(창 1 : 28). 이 말씀이 뜻하는 교훈은 첫째, 인간은 일해야 하는 사명을 받은 자이며 둘째, 하나님의 창조 목적을 이루기 위하여 창조적이며 생산적인 일을 해야 하고 셋째, 인간은 하나님의 청지기로서 복되게 살 의무와 권리가 있다는 것이다.

이처럼 일은 하나님께서 인간에게 주신 특권이요, 사명이다. 인간을 규정하는 정의 중에 '호모 사피엔스'처럼 널리 알려진 것으로 '호모 파베르'(도구적 인간)라는 말이 있다. 이것은 일이 사람과 분리될 수 없으며, 일 자체가 곧 하나님께서 인간에게 주신 기본 임무임을 뜻한다. 그런데 오늘날 많은 사람들은 왜 일을 천시하고 기피하고 있는가? 과연 이것은 하나님의 창조 목적에 일치되며, 성경의 노동관과 부합하는 생각인가? 고대 헬라인들은 육체와 영혼, 물질과 정신계를 이원론(二元論)적으로 분류하여 육체와 물질은 영혼과 정신에 비하여 천박하다는 뜻에서 노동을 천시했다. 동양에서도 역시 정신적 가치관을 높이 평가한 나머지 문(文)은 귀하나 물(物)은 천박한 것으로 규정했다. 이러한 봉건적 사상에 영향을 받아 지금도 우리 사회에선 노동이 문관(文官)의 계층보다 아래인 것으로 취급하는 경향이 있는데 이는 과감하게 쇄신해야 할 일이다.

어떤 이는 노동 천시사상이 성경에 근거하고 있는 것으로 잘못 생각하고 있다. "땅이 네게 가시덤불과 엉겅퀴를 낼 것이라 네가 먹을 것은 밭의 채소인즉 네가 흙으로 돌아갈 때까지 얼굴에 땀을 흘려야 먹을 것을 먹으리니 네가 그것에서 취함을 입었음이라 너는 흙이니 흙으로 돌아갈 것이니라 하시니라"(창 3 : 18-19). 이 말씀은 아담과 하와가 범죄한 대가로 내리신 저주의 말씀으로 노동의 고통과 삶의 고뇌가 인간 삶에 수반된 것을 말한다. 하나님의 저주 아래서 일하는 노동은 고역이 될 수밖에 없었으며, 무의미하고 무가치한 수고와 땀과 좌절이 나타나게 되었다. 그러나 그렇다고 해서 일의 근본적인 가치가 변화했던 것은 아니다.

예수 그리스도께서 육을 입으시고 세상에 오신 목적은 인간으로 하여금 일의 목적과 방법, 그리고 보람의 가치를 부여하여 참된 일을 하며 참되게 살아가도록 하시기 위함이었다. "그런즉 너희는 먼저 그의 나라와 그의 의를 구하라 그리하면 이 모든 것을 너희에게 더하시리라"(마 6 : 33). 인간의 일(노동)에 하나님의 의가 깃들어 있을 때 그 일은 인간의 삶에 참된 가치와 평안을 안겨 준다는 뜻이다.

2. 직분과 직업

앞에서 일은 창조주 하나님께서 인간에게 맡기신 고귀한 특권과 의무이며 궁극적으로 하나님의 영광과 인간의 행복을 실현하기 위한 수단과 방법이 된다고 했다. 그런데 현대사회를 살아가는 항존직들에게 일과 관련하여 몇 가지 문제가 제기될 수가 있다. 먼저, 그리스도인에게 모든 직업이 합당한가? 두 번째, 직업은 영리와 이윤을 위한 수단에 지나지 않는 것인가? 마지막으로 "각종 나무의 열매는 네가 임의로 먹되 선악을 알게 하는 나무의 열매는 먹지 말라"(창 2 : 16-17)는 규범을 무시해도 좋은가? 하는 것이 바로 그것이다. 다음에서 각각의 문제에 대해서 살펴보고자 한다.

제2차 세계대전이 끝난 후 미국을 중심으로 그리스도교 국가에서 제기되는 문제는 그리스도인이 전쟁에 참여하는 것은 옳은 일인가? 교회의 직분자가 핵무기 공장에서 종사하는 것은 성경적으로 타당한가? 인종차별을 감행하며, 공해에 주범이 되는 기업을 경영하는 것은 죄가 되는가? 등이었다. 이것은 비단 서구사회뿐만 아니라 점점 서구화되어 가고 있는 우리 사회에서도 흔히 야기되는 문제이다. 이를테면 목사가 성직과 사회적 직업을 겸하는 것은 타당한가? 장로가 주점을 경영하는 것은 성경에 어긋나지 않는가? 집사와 권사가 여인숙을 경영하는 것이 교회에 덕을 세우는 데 좋은 일인가? 여기에서 우리는 직업선택의 원칙과 그 한계점을 생각해 볼 필요가 있다.

먼저, 하나님께 영광이 되는 일은 가능하지만 반면 영광을 가리는 일은 피해야 한다. '하나님의 영광'이란 하나님의 뜻에 합당한 일로서 그의 계명에 어긋나지 않고 그의 나라를 이 땅 위에 실현하는 데 도움이 되는 일을 말한다. 복음서에 기록된 하나님의 나라(The Kingdom of God)는 하나님의 창조 목적의 실현인 동시에 그의 구원사의 궁극 목적이 된다. 즉, 만민이 하나님의 자녀가 되어 그의 소명을 수행하며 하나님께서 주시는 은총과 복을 누리는 삶의 터전을 말한다. 문제는 이러한 하나님 나라의 실현과정에 악의 힘이 하나님의 능력과 은혜를 가로막고 그의 백성들을 괴롭히고 있는 한, 그의 나라가 실현되기 어렵다는 것이다. 그러므로 하나님께 드리는 영광은 그분에게만 단순한 기쁨을 돌리는 것이 아니라 내 이웃을 내 몸처럼 사랑하는 노력을 통해서 실현된다는 사실을 알아야 한다.

인간을 죄악과 불행의 함정에 몰아넣고 그에게 고통과 고뇌를 안겨 주는 것은 하나님의 일꾼, 즉 직분자의 도리가 아니며, 이것은 어디까지나 하나님의 뜻과 그의 나라 실현에 위배되기 때문에 무의미하고 무가치한 세속적 일에 불과하다. 다시 말하면, 그리스도인 중에 특히 항존직들이 하는 일은 하나님께 영광은 물론 자신을 포함한 모든 사람에게 덕이 되어야 한다는 것이다.

성경은 2-3천 년 전 단순한 농목사회를 배경으로 쓰여진 말씀이기에 구체적인 직업선택에 대한 규정이 없다. 그러나 하나님의 아들 예수 그리스도가 세상에 오심으로 그의 하신 말씀과 하신 일을 통하여 무엇이 하나님께 영광이 되고 무엇이 인간에게 해를 끼치는가의 한계선을 분명히 보여 주셨다. 이러한 그리스도의 윤리사상을 기초로 교회는 새로운 윤리적 규범을 제정해야 하며, 새로운 생활관과 가치관을 제시하고, 항존직은 가능한 한 직업선택에 신중을 기해야 한다.

3. 직업과 소명

창조주 하나님께서 인간에게 위임하신 것에는 네 가지가 있는데 국가와 사회, 교회와 가정이 바로 그것이다. 이들은 하나님의 위임 통치기관으로 하나님께서는 이 네 가지 공동체를 통하여 자신의 섭리와 뜻을 실현해 가신다. 교회만이 하나님의 위임 통치기관이 아니라 국가, 사회, 가정이 포함되어 있다는 사실을 감안할 때 주일 하루의 교회생활도 거룩한 의미를 지니지만 엿새 동안의 사회(직장)생활과 가정생활도 동일한 의미와 가치를 지니게 된다.

이러한 사상은 종교개혁자들의 소명론(召命論)에 분명히 나타나 있다. 중세기 로마 가톨릭교회에서는 성(聖)과 속(俗)의 이분법(二分法)을 토대로 성전은 하나님께서 거하시는 거룩한 세계로, 세상과 사회는 하나님께서 관여하지 않는 속된 세계로 취급한 나머지 인간이 세상에 태어나서 성직자가 되고 성례식에 참여하는 것은 성스러운 일이며, 아기를 낳아 기르기 위하여 수고하고 세상의 직장에서 일하는 것은 속된 일로 생각했다.

그러나 종교개혁자들, 이를테면 마틴 루터(Martin Luther)나 존 칼빈(John Calvin)은 이와 정반대로 생각했다. 하나님께서는 교회 안에만 계시는 것이 아니라 세상에도 계시며, 교회만 그의 섭리와 통치기관이 아니라 사회(직장)나 가정 역시 하나님의 섭리와 지배가 있는 곳이라 했다. 따라서 모든 사람은 어디에서 일하든 하나님의 일을 감당하는 제사장으로 인정받을 수 있게 되었다. 이것이 만인제사장설의 중요한 의미이다. 막스 베버에 따르면, 종교개혁자들의 이 같은 주장이 자본주의의 토대를 제공함으로써 산업혁명의 원동력이 되었고, 사회 발전에 크게 기여한 개혁정신으로 작용했다는 것이다. 하나님의 백성들이 세상을 부정적으로 생각하고 생활수단인 직장과 행복의 근원인 가정을 외면할 때 현실에서 하나님의 나라 실현은 불가능하다. 이러한 의미에서 루터와 칼빈은 소명(calling)의 범위를 확대하여 직장까지 결부시켰다. 다시 말하면 하나님께서는 우리들로 하여금 그리스도인이 되도록 세상으로 불러내셨을 뿐 아니라 이 세상에서 자신의 뜻을 이루시기 위하여 직장으로 혹은 직업으로 부르셨다는 것이다. 그러므로 교회에 충성하고 봉사하는 것도 하나님의 소명에 응답하는 것이며, 세상 직장과 가정에 충실한 것 역시 소명에 대한 거룩한 응답인 것이다.

여기에서 종교개혁자들은 천직(天職=Vocation Beruf)을 주장했다. 교회의 직분, 즉 성직만이 천직이 아니라 인류복지 건설에 이바지하고 하나님께 영광이 되는 한 세상의 모든 직업은 신성하고 거룩한 천직이라 했다. 루터는 그리스도인들이 세상에서 하나님의 소명을 의식하면서 이웃을 사랑하고, 인류의 현재와 미래를 밝게 하는 직종에 종사하는 한 그것은 천직이요, 하나님의 소명에 응답하는 최선의 길이라 했다. 이 말 속에는 직업의 신성을 강조하는 뜻도 있으나, 하나님을 섬기듯 자신의 직업에도 마음과 뜻과 정성을 다하라는 의미도 포함되어 있다. 칼빈도 그의 저서 「기독교 강요」(제3권, 제10항) "현대의 생활과 그 도구를 사용하는 방법"에서 주장하기를 "크리스천의 직업은 하나님의 일과 연결되어야 하며, 그것을 통하여 모든 피조물들의 삶에 도움이 될 때 그 직업은 거룩한 의미와 가치를 지닌다."라고 했다. 이 말 역시 직업과 교회, 가정과 직업은 불가분의 관계에 있으며, 이것들에 충성하며 성실하게 행동한다면 그는 하나님의 소명에 진실하게 응답하고 있다는 뜻이다.

오늘날 한국교회의 가장 큰 문제 중의 하나는 크리스천이면서 동시에 직업인(a christian and worker)은 많지만, 크리스천 직업인(a christian worker)은 적다는 사실이다. 다시 말해서, 직장과 신앙이 전혀 별개의 영역으로 취급되어짐으로 해서 신앙과 직업이 전혀 관련이 없는 것처럼 인식되어지고 있는 것이다. 하지만 우리의 신앙과 직업은 서로 분리될 수 있는 것이 아님을 잊지 말아야 한다. 하나님께서 우리에게 직업을 갖게 하셨다는 소명의식이 분명할수록 우리는 이 땅 위에 하나님 나라를 건설하는 주역이 될 것이고, 이 사회는 점점 더 의와 평화가 넘치는 하나님의 땅으로 변화해 갈 것이다.

4. 직분과 직업윤리

직업이나 사업은 어디까지나 이윤 추구를 목적으로 하기 때문에 그 수단과 방법이 고려되지 않으면 안 된다. 무슨 수단으로, 어떤 방법으로 하든지 돈만 벌면 된다는 생각은 사회혼란과 위기의 근원이 되며, 자기와 타인의 불행을 초래하는 원인이 된다. 더욱이 성직(항존직)을 받은 자가 성경이 말하는 신앙과 윤리에 위배되는 일을 할 때 그는 하나님 앞에서 죄인이 될 수밖에 없으며, 설령 물질적 부를 얻게 된다 할지라도 그 속에 정신적 가치가 없기 때문에 진정한 삶의 행복과 기쁨을 누릴 수 없게 되는 것이다.

앞서 말한 대로 크리스천의 직업정신은 성경에 나타난 청지기의 신분과 인격이 모델로 되어 있기 때문에 소유에 대한 정확하고도 양심적인 인식을 지니지 않으면 안 된다.

첫째, 인간이 하나님의 청지기라는 개념 속에는 재물의 소유권은 하나님께 있고, 그것이 인간 삶의 수단은 될지언정 목적은 될 수 없다는 의미가 들어 있다. 소유에 대한 이러한 신앙적 인식을 가질 때 비로소 청렴하고 정직한 마음을 가질 수 있으며, 재물을 통하여 하나님께 영광을 돌리고자 하는 결단이 나타나게 되는 것이다.

둘째, 인간이 하나님의 청지기라는 개념 속에는 재물의 원주인이 되시는 하나님에 대한 성실함과 재물의 선용이 의무적이어야 한다는 뜻이 내포되어 있다. 복음서에 기록된 대로 불의한 부자에게 재물이 주어졌을 때 그 재물은 악의 도구에 불과했으나, 반면 착하고 신실한 자에게 주어졌을 때 재물의 증식과 함께 선하게 사용된 것을 볼 수 있다. 이것은 물질적 재화는 가치중립적이라는 것을 의미한다. 물질 자체가 선하거나 나쁜 것이 아니라 사용자의 인격에 따라 악하게도, 선하게도 쓰여질 수 있는 것이다.

셋째, 인간이 하나님의 청지기라는 개념 속에는 소유의 과정이 하나님의 뜻에 합당해야 한다는 의미가 포함되어 있다. 권력을 이용한 불의의 이득, 부도덕한 직업과 비양심적 수단을 통한 재산 증식, 이웃에게 해를 끼치면서 거둔 수확, 자신의 수고 없이 폭력과 불법으로 갈취한 재물은 결코 하나님께서 기뻐하시지 않는다. 기독교적 회개란 이러한 신분과 직업에서 하나님의 뜻에 합당한 삶으로 방향을 바꾸는 것을 말한다. 창세기 24장에 기록된 아브라함의 늙은 종의 경우를 보면 그는 주인의 자부(이삭의 아내)를 구하기 위하여 낙타에 실은 금은보화를 정직하게 주인의 목적에 따라 사용하는 것을 볼 수 있다. 이것은 우리에게 좋은 교훈이 된다. 칼빈은 그의 저서 「기독교 강요」에서 "물질 사용의 원칙을 논함에 있어서 먼저 현재의 생을 나그네로 규정하고 물질은 이 나그네의 천성행 여행의 필요를 채워 주시는 정도가 충족된 것이고, 과다한 물질은 오히려 방해가 되는 것으로 알아야 하며, 물질은 창조주 하나님의 선물이므로 오직 하나님의 영광을 위해서 쓰여져야 한다."라고 했다.

하나님께서 우리에게 일과 직업을 주신 것은 결코 저주나 필요악의 의미가 아니다. 전도서 9 : 10에서는 "네 손이 일을 얻는 대로 힘을 다하여 할지어다 네가 장차 들어갈 스올에는 일도 없고 계획도 없고 지식도 없고 지혜도 없음이니라"라고 말하고 있다. 일과 직업은 이 세상 가운데서 더욱 풍요로운 삶을 살도록 하나님께서 우리에게 허락하신 특별한 복이다. 직업에 대한 성경적 관점은 그것이 창조주 하나님께서 인간에게 주신 특권과 은사라는 것이다. 그리고 청지기의 사명을 지닌 자가 건전한 직업을 가질 때 그 직업은 결코 무가치한 세속적 직업이 아니요, 하나님 나라를 이루는 소중한 통로가 될 수 있다는 것이다. 그러므로 직업을 통하여 정당한 소득으로 살아가면서 하나님의 영광을 나타내는 데 직장생활의 동기와 목적이 있음을 발견하고 기쁨으로 우리에게 맡겨진 일들을 감당할 수 있어야 할 것이다.

말씀 청종

1. 많은 사람들이 월요병을 앓고 있는데, 이것은 자신의 직업에 대한 기대가 적거나 없을 때 나타나게 된다. 하나님께서 우리에게 직업을 주신 이유는 무엇인가? (참고도서 : 빌 하이벨스. 「당신의 직업, 하나님의 계획입니다」〈서울 : 죠이선교회출판부, 1996〉)

2. 나는 나의 직업에 대해 만족하고 있는가? 만족하고 있지 못하다면 그 이유는 무엇인가?

3. 하나님께서 내게 직장을 주신 이유는 무엇일까? 직장에서 하나님의 뜻을 드러내고 하나님의 나라를 구현하기 위해 내가 할 수 있는 일에는 어

떤 것이 있는가? 이번 주간에는 직장에서 내가 제일 달가워하지 않는 사람에게 식사를 한 끼 대접하도록 해 보자.

22과

가정생활

오늘의 찬송 : 새 559장(통 305장), 새 235장(통 222장)

오늘의 말씀 : 에베소서 5 : 22-6 : 4, 창세기 2 : 24

오늘의 기도

학습목표

① 하나님께서 우리에게 가정을 주신 이유를 알 수 있다.

② 항존직분자에게 있어 가정생활의 중요성을 느낄 수 있다.

③ 자신의 가정생활에서 잘못된 부분을 깨닫고 바르게 고칠 수 있다.

✝ 말씀 보기

1. 성경은 가정이 하나님께서 친히 우리에게 주신 선물이라고 말하고 있다. 성경은 또한 가정의 원리에 대해서 언급하고 있다. 성경은 가정의 목적에 대해서 무엇이라고 말하고 있는가?(엡 5 : 31, 창 2 : 24)

2. 먼저 아내들은 남편에 대해서 어떻게 하라고 말하고 있는가?(엡 5 : 22-24)

3. 남편은 아내에 대해서 어떻게 하라고 말하고 있는가?(엡 5 : 25-31)

강의 듣기

하나님께서 만드신 제도 중에 가장 기본적인 제도는 가정이며, 그러므로 우리 기독교는 가정을 귀히 여기는 종교이다. 웹 박사는 "가정이란 무엇인가? 말할 것도 없이 건물의 크고 작은 것이나 가구가 많고 적거나 사용하는 생활비의 액수가 많고 적은 것이 가정의 행복을 좌우하는 것이 아니다. 아무리 초라할지라도 세상에서 제일 좋은 곳은 가정이다. 가정이야말로 고달픈 인생의 안식처요, 모든 싸움이 자취를 감추고 사랑이 싹트는 곳이요, 큰 자가 작아지고 작은 자가 커지는 곳이다."라고 말했다.

교회에서 중직(重職)을 맡고 있는 자들에게 있어서 가정생활은 더할 나위 없이 중요하다. 왜냐하면 성경은 가정을 잘 다스리는 자가 교회를 돌볼 자격이 있다고 가르치고 있기 때문이다(딤전 3 : 4, 12). 또한 가정은 믿지 않는 자들에게 그리스도인의 믿음의 척도로 비쳐지기 때문에 가정을 신앙으로 잘 다스리는 것은 항존직의 중요한 본분이다.

그러면 이러한 가정위기의 시대 속에서 우리 항존직들은 자기의 가정을 어떻게 건강하게 지킴으로 교인들이나 이웃에게 향기를 발할 수 있을까? 그것은 가정제도를 만드신 하나님의 말씀에서 그 원리를 찾아야 할 것이다. 우리는 에베소서 5 : 22-6 : 4에서 세 가지 면을 배울 수 있다.

1. 인격적으로 서로 존중하는 가정

부모와 자녀 간에도 서로 존중할 때에 행복이 찾아온다. 에베소서 6 : 1-4에서는 "자녀들아 주 안에서 너희 부모에게 순종하라"고 했고, 또 자녀들에 대해서도 "아비들아 너희 자녀를 노엽게 하지 말라"고 했다. 우리 인간들은 인격체이기 때문에 서로 존중히 여길 때 보람과 긍지를 느낀다.

부부간에도 이러한 원칙은 반드시 지켜져야 한다. 사실 부부는 서로의 좋은 점과 부족한 점, 서로의 비밀을 가장 잘 아는 사이이다. 그렇기 때문에 가장 가까이 있는 남편이나 아내에게서 무시를 당할 때 인격에 큰 상처를 얻게 된다. 반대로 모든 사람들에게서 무시를 당한다 할지라도 남편이나 아내로부터 인격적인 존귀함을 받을 때는 위로와 용기를 얻게 된다. 이처럼 가족이 서로 인격적으로 아끼고 존중할 때 행복의 향기가 넘치게 되고 거기에서 성숙한 인격이 만들어지게 될 것이다.

"이러므로 남자가 부모를 떠나 그의 아내와 합하여 둘이 한 몸을 이룰지로다"(창 2 : 24). 이 말씀은 '떠나다'와 '연합하다'라는 두 가지 부부생활의 기본원리를 가르치고 있다. '떠나'라는 것은 성경에서는 지리적 분리, 경제적 독립, 사회적 성숙을 의미하는 것으로 부모와의 분리가 부부관계의 전제인 것을 말한다. 결혼 후에는 나의 배우자가 가장 가까운 존재임을 느끼는 것이 중요함을 의미한다. '연합하다'라는 말은 성경에서 인격적인 동질화, 정신적 헌신, 도덕적 순결, 상호 혼합성 등을 의미하는 말로서 그 원래의 뜻은 '풀로 붙이다'라는 뜻을 가지고 있다. 배우자로서 서로가 돕는 배필이 될 수 있는 것은 사람은 언제까지나 미완성적인 존재이기 때문이다. 부부는 그리스도 예수 안에서 함께 지어져 가는(엡 2 : 22) 과정에 있는 존재이지, 이미 모든 것을 얻은 종점에 와 있는 존재가 아니다.

자녀를 양육하고 교육할 때 제일 중요한 문제는 사랑과 훈계의 균형을 맞추는 것이다. 훈계 없는 사랑은 사랑이 아니며 사랑 없는 훈계는 형벌일 뿐이다. 많은 부모가 자녀에 대해 방임주의적으로 대하거나 때로 어떤 부모는 지나치게 형벌주의적으로 대한다. 자녀를 훈계할 때는 그것이 처벌이 아님을 분명히 명심시켜야 한다. 이때 명심해야 할 몇 가지가 있다. 첫째, 징계의 원인이 사랑에 있음을 깨닫게 해야 한다. 둘째, 하나님을 궁극적 권위로 삼아야 한다. 셋째, 징계에 대한 약속은 반드시 이행할 것이며 지나치게 징계하지 말아야 한다. 넷째, 징계 후에 적절하게 위로해 주어야 한다. 다섯째, 징계할 때는 단둘이서 해야 한다. 부모가 징계를 사랑과 관심으로 할 때 자녀는 존경하는 자세로 따르게 될 것이다. 그러나 부모가 분노하여 형벌로 대할 때에 자녀는 원망의 자세로 적대감을 가지게 된다. 그러므로 훈계하는 부모의 자세가 더욱 중요하다.

2. 규모와 질서가 있는 가정

무슨 조직이나 공동체든 질서가 있어야 한다. 마찬가지로 가정이라는 공동체도 규모와 질서가 있어야 한다. 에베소서 5 : 22-6 : 4에서는 식구 간에 각각의 임무와 자세에 대해서 권면하고 있는데 가정을 작은 그리스도의 몸으로 표현하면서 남편은 머리의 역할을, 아내는 몸의 역할을 해야 한다고 했다. 아내가 남편 대신에 머리 노릇을 하거나 남편이 아내의 몸의 역할을 월권할 때 그 가정은 불협화음이 생기며, 거기에서 양육 받는 자녀들은 노여움을 품고 반사회적인 인물이 될 수 있다. 우리의 가정이 그리스도의 몸으로, 작은 교회로서, 조화로운 실내악단처럼 각각의 역할을 감당할 때 교인들이나 이웃에게 그리스도의 향기, 그리스도의 음률을 나타낼 수 있다.

3. 십자가 중심으로 사는 가정

에베소서 5 : 22-6 : 4에서 가장 중요한 말은 무엇인가? 그것은 '주 안에서'이다. 남편과 아내 관계에서도 주 안에서 서로 사랑하고 복종할 것을 강조했고, 자녀들은 부모를 주 안에서 공경할 것이며, 부모들은 자녀를 주의 말씀과 훈계로 양육할 것을 강조하고 있다. 다시 말하면 가정의 중심이 예수 그리스도가 될 때 좋은 가정을 이룰 수 있다. 오늘날 왜 많은 가정들이 근본적으로 흔들리고 있는가? 이는 주님이 중심이 되는 게 아니라 자신이 중심이 되기 때문이다.

그러면 주님 중심이 된다는 것은 무엇인가? 그것은 첫째, 주님만 바라본다는 의미이다. 부부가 같은 목표, 같은 미래를 바라볼 수 있다면 하나의 마음이 될 것이다. 우리 그리스도인 부부가 함께 바라볼 곳은 예수 그리스도이시다. 에베소서 5 : 24-25에서는 "그러므로 교회가 그리스도에게 하듯 아내들도 범사에 자기 남편에게 복종할지니라 남편들아 아내 사랑하기를 그리스도께서 교회를 사랑하시고 그 교회를 위하여 자신을 주심 같이 하라"고 했다. 예수 그리스도를 함께 바라볼 때에 그리스도의 마음이 되어 주 안에서 한 몸이 될 것이다. 부모와 자녀도 서로가 그리스도를 통해서 바라볼 때에 주 안에서 온전해질 것이다.

둘째로, 주님이 중심이 된다는 것은 십자가를 진다는 의미이다. 우리 예수님은 섬김을 받으러 오신 것이 아니고 섬기러 오셨다. 다른 이의 허물을 대신 지시려고 오셨다. 그런데 오늘날 우리 기독교인들의 문제는 섬김을 받으려고만 하지 섬기는 희생을 하지 않는다는 데 있다. 예수님의 멍에는 메지 않고 그의 은혜만 받으려고 한다. 하지만 예수님이 주시는 희생의 멍에, 곧 십자가를 지지 않고는 부활의 능력은 나타날 수가 없다. 가정에서도 그러한 원리는 마찬가지로 적용된다. 가정에서 그 구성원 서로가 십자가 사랑으로 섬길 때 그 가정은 진정한 행복이 넘치게 되고, 더 나아가서는 그 가정이 이웃이나 어려움을 당한 가정을 섬길 때 고넬료나 루디아의 가정처럼 주님의 은혜가 임하는 가정이 될 것이다.

우리의 신앙은 꼭 가정생활에 반영되게 되어 있다. 이것을 돌려 말하면 우리의 가정생활이 원만하지 못하다는 것은 항존직분자로서 온전한 신앙생활을 하지 못하고 있다는 말이기도 하다. 우리의 가정이 인격적으로 존귀히 여기는 가정, 성경의 원리에 따라 규모와 질서가 있는 가정, 십자가 사랑으로 섬기는 가정이 됨으로 교인들과 이웃들에게 그리스도의 향기를 나타낼 수 있어야 할 것이다.

말씀 청종

1. 하나님께서 우리에게 가정을 주신 이유는 무엇인가?

2. 배우자에 대해서 가장 실망했던 적은 언제인가? 그리고 그때 나는 어떻게 반응했는가?

3. 나의 배우자가 나에 대해서 변화하기를 원하는 부분에 대해서 알고 있는가? 알고 있다면 그것은 무엇인가? 이번 주간에는 반드시 사랑의 편지를 써서 선물과 함께 배우자에게 전달하도록 하자.

07
해답 및 가이드

01 성서론

1과 | 구 약

말씀 보기

1. 맛이 달다. 꿀보다 더 달다.
2. 주의 법도로 내가 명철하게 되었으므로 모든 거짓 행위를 미워하게 된다.
3. 내 발에 등이요, 내 길에 빛이다.

말씀 청종

1. 구약은 신약과 함께 하나님의 말씀이다. 구약은 예수님과 사도들이 사용했던 성경이었고, 신약에서 하나님의 말씀으로 인용되었다. 신약이 정경으로 확정되기 전, 초대교회는 구약을 성경으로 받아들였다. 그리고 신약이 정경으로 확정된 이후에도 교회는 구약을 성경의 범위에 포함시켰고 하나님의 말씀으로 받아들였다. 구약은 하나님의 활동에 대해 기록하고 있는데, 즉 하나님께서 왜, 그리고 어떻게 세상을 창조하셨는지와 오랜 역사의 흐름 속에서 어떻게 피조물인 인간과 자연을 다루셨으며, 그들에게 무엇을 요구하시는지를 기록하고 있다. 따라서 구약에는 하나님의 계시의 말씀과 행위가 기록되어 있고, 하나님의 의도가 나타나 있

다. 또한 하나님을 주인공으로 하는 구원의 이야기들과 하나님께서 인간에게 원하시는 예배와 삶의 방법이 기록되어 있다. 역사를 주장하시며 활동하시는 구약의 하나님께서는 오늘도 모든 창조물과 우리 인간의 삶을 주장하시고 계신다. 우리는 구약을 통하여 하나님의 활동방법과 목적을 알 수 있다.

2. 이 문제를 가지고 나눌 수 있는 이야기는 다양하며, 이 다양한 대답이 성경적인가를 지도자가 판단하여 정리해 줄 필요가 있다. 교정할 때 직접적으로 틀린 점을 지적하지 않도록 유의해야 한다. 왜냐하면 이 질문은 구약성경이 하나님의 말씀으로 학습자에게 느껴지도록 하기 위한 목적이 있기 때문이다. 지적인 충고보다는 마음의 상처를 받지 않는 범위에서 스스로 잘못된 부분을 깨닫도록 해야 한다.

3. 우리 교회에 성경적으로 삶을 사는 분이 있다는 것은 참 감사한 일이다. 가까이에 있는 현존 인물이 성경적인 삶과 행동을 보인다면 이제 그 삶을 살기로 결심한 이들은 그 삶을 친근하게 따라가게 될 것이다. 따라서 성경에서 요구되는 삶이 행동으로 나타난 인물을 찾게 하고 그 행동을 따라 살아가도록 격려하는 것은 중요한 일이다. 그리고 이후에 누군가가 이 질문에 대하여 답할 때, 지금 교육을 받는 나 자신이 대답의 대상이 될 수 있도록 성경적으로 살아가도록 도전한다.

2과 | 신 약

말씀 보기

1. 사람으로 하여금 그리스도 예수 안에 있는 믿음으로 말미암아 구원에 이

르는 지혜가 있게 한다.

2. 모든 성경은 하나님의 감동으로 된 것으로 교훈과 책망과 바르게 함과 의로 교육하기에 유익하다.
3. 하나님의 사람으로 온전하게 하며 모든 선한 일을 행할 능력을 갖추게 한다.

말씀 청종

1. 27권으로 구성되어 있는 신약성경은 구원자이신 예수님을 만민에게 전해 주는 과정을 소개한 책이다. 복된 소식은 예언의 성취로 오신 메시야 예수님이다. 초대교회가 이 복된 소식을 아시아에서부터 유럽까지 전해 준 과정이 기록되어 있다. 예수님은 하나님의 아들이요 인류의 구주이시다. 이 구원의 복된 소식을 알려 주고 또한 믿음으로만 구원 얻는 도리를 자세히 알려 주는 책이다. 그리고 예수님이 심판관 되심을 알려 주는 책이다. 하나님의 아들이요, 우리의 구주이신 예수님이 구원자의 사명을 십자가 위에서 완수하시고 승천하셨으며 마지막 때, 즉 종말에 예수님이 인류를 심판하시려고 재림하실 것을 알려 주는 책이다.
2. 이 문제를 가지고 나눌 수 있는 이야기는 다양하며, 이 다양한 대답이 성경적인가를 지도자가 판단하여 교정해 줄 필요가 있다. 교정할 때 직접적으로 틀린 점을 지적하지 않도록 유의해야 한다. 왜냐하면 신약성경의 말씀이 하나님의 말씀으로 학습자에게 느껴지도록 하기 위한 목적이 있기 때문이다. 지적인 충고보다는 마음의 상처를 받지 않는 범위에서 스스로 잘못된 부분을 깨닫도록 해야 한다.
3. 성경에서 요구하는 직분자로서의 자격과 요건, 자세 등을 다시 한번 되새기게 한다. 항존직으로 불러 주신 주님의 계획하심을 꿈꾸면서 각자의 소명을 확인하게 한다. 또한 자신이 추구하고 기대하는 항존직의 모습을 구체적으로 나누면서 서로 중보하며 격려하는 시간을 갖는다.

02 직분론

3과 | 항존직

말씀 보기

1. 모든 겸손과 온유로 하고 오래 참음으로 사랑 가운데서 서로 용납하고 평안의 매는 줄로 성령이 하나 되게 하신 것을 힘써 지킬 것을 권한다.
2. 성도를 온전하게 하여 봉사의 일을 하게 하며 그리스도의 몸을 세우려 하심에 있다.
3. 예수 그리스도에게서 온 몸이 각 마디를 통하여 도움을 받음으로 연결되고 결합되어 각 지체의 분량대로 역사하여 그 몸을 자라게 하며 사랑 안에서 스스로 세워진다.

말씀 청종

1. ① 항존직-장로, 집사, 권사 ② 임시직-전도사, 서리집사
2. 교회의 지탱과 발전에 지대한 영향을 끼치는 데 있다.
3. 해당직에 대한 직무를 숙지하고, 각자 기존 항존직에 대하여 생각해 본 후, 이것들을 바탕으로 구체적으로 기록하고 반드시 발표해 보도록 한다.

4과 | 지도력

말씀 보기

1. 1) 겸손과 눈물로 교회를 생각함.
   2) 시험을 참고 주를 섬김.
   3) 유익한 것은 무엇이든지 거리낌이 없이 전하여 가르침.
   4) 누구에게나 하나님께 대한 회개와 우리 주 예수 그리스도께 대한 믿음을 증언함.
2. 그가 달려갈 길과 주 예수께 받은 사명 곧 하나님의 은혜의 복음을 증언하는 일을 마치기 위하여
3. 수고하여 약한 사람들을 돕고 주 예수께서 친히 말씀하신 바 주는 것이 받는 것보다 복이 있다는 말씀의 실천에 본을 보임.

말씀 청종

1. 단순히 명령하고 지시하고 전달하는 역할만 하는 것이 아니다. 공동체의 정체성을 확고히 하며 지향할 목적과 목표를 정하고 공동체를 움직이며 변화시키는 행위자가 되어야 한다.
2. 지도자가 갖춰야 할 자질과 비교해서 자신에게 부족한 것을 스스로 찾아보게 한다.
3. 가르치는 이는 자신을 포함하여 학습자들의 양말을 벗게 하고 한 사람씩 차례로 발을 씻겨 준다. 전체가 한 번씩 씻겨 주는 입장이 되어 보게 한다. 이때 상대방 안에 계시는 주님을 마음으로 볼 수 있도록 안내하며 모두 끝난 후 소감을 나누도록 인도한다.

03 신앙고백론

5과 | 사도신경

말씀 보기

1. 주는 그리스도시요 살아 계신 하나님의 아들이십니다.
2. 하늘에 계신 내 아버지
3. 이 반석 위에 내 교회를 세우리니 음부의 권세가 이기지 못하리라는 예수께 대한 바른 신앙고백

말씀 청종

1. 사도적 신앙을 고백하는 것으로서 교회의 산물이며, 삼위일체 하나님 신앙을 고백하는 것이요, 하나님의 계시에 대한 인간의 응답이다.
2. 예배 시에 고백하는 이유는 예배의 대상을 향한 개인의 믿음이 분명하게 고백되어져야 하기 때문이다. 또한 각자가 사도신경을 자신의 믿음으로 고백하고 있는지 함께 이야기해 보게 한다.
3. 준비된 종이(되도록 예쁜 카드)와 필기구를 나누어 주고 각자 쓰게 한다. 다 쓴 후, 입으로 고백하는 것과 글로 쓰며 고백하는 것의 느낌을 발표하게 한다. 이어서 삶으로 고백하는 데까지 이르기를 권면한다.

6과 | 장로회 신조

말씀 보기

1. 하나님의 비밀인 그리스도 안에
2. 그리스도 예수 안에 뿌리를 박으며 세움을 받아 교훈을 받은 대로 믿음에 굳게 서서 감사하는 삶을 살아야 함.
3. 철학과 헛된 속임수로 우리를 사로잡으려 하는 것을 주의함.

말씀 청종

1. 1) 개종한 사람들로 바른 기독신앙을 갖도록 하는 교육적 의의
   2) 교회의 신앙과 전통을 바르게 계승함으로써 교인의 사명을 감당하게 하려는 의의
2. 제11조항–입교하여 서로 교제하며, 그리스도의 성례와 기타 법례를 지키며, 주의 법을 복종하며, 항상 기도하며, 주일을 거룩하게 지키며, 주를 경배하기 위하여 함께 모여 주의 말씀으로 설교함을 자세히 들으며, 하나님이 저희로 하여금 풍성하게 하심을 따라 헌금하며, 그리스도의 마음과 동일한 마음을 서로 나타내며, 또한 일반 인류에게도 그와 같이 할 것이요, 그리스도의 나라가 온 세계에 확장하기 위하여 힘쓰며, 주께서 영광 가운데서 나타나심을 바라고 기다릴 것이다.
3. 장로교회의 특징은 제9조항의 예정과 구원에 관한 부분에서 확인할 수 있으며, 성례의 자세에 대해서는 제10조항을 보면서 생각하게 한다.

7과 | 요리문답

말씀 보기

1. 의심하는 사람들
2. 예수께서 제자들에게 분부한 모든 것
3. 세상 끝날까지

말씀 청종

1. 가장 좋은 요리문답이며, 기독교 신앙과 교리에 대한 가장 훌륭한 요약이다.
2. 각자 돌아가면서 공부를 통해 얻게 된 유익한 점을 발표하게 하고, 또한 그것들을 종합하여 작성하게 한다.
3. 지도자는 요리문답을 마련하여 배부하고 실시 여부를 확인한다.

8과 | 21세기 대한예수교장로회 신앙고백서

말씀 보기

1. 많은 거짓 선지자가 세상에 나왔기 때문에
2. 예수 그리스도께서 육체로 오신 것을 시인하는 영마다 하나님께 속한 것이요 예수를 시인하지 아니하는 영마다 하나님께 속한 것이 아니다.
3. 진리의 영을 따르는 자와 미혹의 영을 따르는 자들을 알게 된다.

말씀 청종

1. 삼위일체 하나님에 대한 고백은 불변의 본성이지만 고백이 삶을 통하여 구현되기 위해서는 삶의 자리가 고려되어야 한다. 삼위일체 하나님께서 다스리시는 세상에 대한 이해와 시대적 사명에 대한 인식을 견고히 해야 한다.
2. 교회는 하나님의 백성이요, 이 세상에 현존하는 그리스도의 몸이요, 성령의 전이다. 성도의 교제 가운데 하나님이 임재하심을 믿으며, 모든 그리스도인은 하나님의 나라를 이 땅 위에 실현하며, 하나님의 영광을 위하여 예수 그리스도의 성육신의 삶을 실현하고, 복음전도와 정의, 평화, 창조보전의 사명을 감당해야 한다.
3. 우리의 사명 4개 조항을 다시 한 번 되돌아보고, 각자가 중요시 여기는 부분에 대하여 이야기를 나누며 교회와 항존직분자로서의 구체적인 사명을 작성해 보고 함께 이야기한다.

04
교회론

9과 | 교회의 본질과 사명

말씀 보기

1. 교회의 머리는 그리스도시요, 교회는 그리스도의 몸이다. 교회는 건물이나 조직체가 아니다. 하나님의 택한 백성인 그리스도인들의 모임이다. 교회는 성령의 지도를 받는다.
2. 제자 삼는 사역이다. 또 가르쳐 지키게 하는 교육의 사명이 있다. 그리고 복음을 증거할 선교의 사명을 말씀하셨다. 중요한 것은 이러한 일에 주님께서 세상 끝날까지 함께하여 주시겠다고 약속하신 일이다.
3. 사도(예수 그리스도의 직제자로서 현재는 사도직만 내려온다.), 선지자, 복음 전하는 자, 목사, 교사이다. 그 밖에도 고린도전서 12 : 8-11 등에 교회 안의 여러 가지 은사가 나와 있다.

말씀 청종

1. 예를 들어 전도, 교육, 구제, 지역사회 봉사, 친교, 문화사역, 중보기도 사역 등 잘하고 있는 사역에 대해서는 격려하고 보완해야 할 사역에 대해서는 의견을 모아 구체적으로 토론해 본다.

2. 교회의 세속화, 이기적 개인주의, 가치관의 혼동, 전통적 사고에 대한 도전 등 현실의 문제에 대응하여 교회의 본질을 바르게 인식하고 교회공동체의 사랑을 회복해야 한다. 그리고 급변하는 세속문화의 변화와 사람들의 관심사를 점검하고 대안을 마련해야 한다.
3. 지도자는 미리 백지에 내가 생각하는 나의 은사와 타인이 평가해 주는 나의 은사의 두 항목을 인쇄하여 배부한다. 먼저 본인의 이름과 내가 생각하는 나의 은사를 기록하게 한 후 옆 사람과 바꾸어 타인이 평가해 주는 나의 은사를 기록하게 한다. 각 은사는 교회를 든든히 세워 가는 것으로 하나님께서 주신 것임을 인지시키고 서로 이야기를 나누며 합력하는 동역의 기쁨을 기대하게 한다.

(예시)

하나님께서 주신 나의 은사 이름 : ○○○ 1. 내가 생각하는 나의 은사는?   2. 내가 생각하는 ○○○의 은사는?

10과 | 교회와 국가

말씀 보기

1. 그리스도 안에서 역사한다. 그는 만물 위에 교회의 머리이시다.
2. 군왕들과 세상의 재판관들이다.
3. 일곱째 천사가 나팔을 불매 하늘에 큰 음성들이 나서 이르되 세상 나라가 우리 주와 그의 그리스도의 나라가 되어 그가 세세토록 왕 노릇 하시리로다 하니

말씀 청종

1. 교회와 국가는 별개로 독립될 수 없으므로 서로 건강한 관계를 유지해 나가야 한다. 교인은 국가의 국민이며 선량한 시민이라는 의식을 가져야 하고 그리스도인으로서 교회의 하나님 나라와 영생을 그 가치로 삼아 살아가야 하겠다. 국가가 권력을 이용하여 그리스도인을 억압하게 되면 교회는 이에 저항하게 된다. 교회는 하나님 나라의 구현이라는 시각에서 국가와 적정한 협력과 견제를 해 나가야 한다.
2. 전통적으로 기독교는 국가의 잘못에 대해서 다음과 같은 방법을 취했다.
   1) 폭력적 저항 : 루터시대 토마스 뮌처와 독일 농민들이 사용한 방법으로 너무 과격하고 폭력의 악순환을 낳는다. 생명존중의 정신이 결여된 저항이다.
   2) 비폭력적 무저항 : 아시시의 프란시스의 방법으로 산상수훈을 기초로 한다. 하지만 악한 정부를 묵인하는 체념의 우려가 있다. 2차대전 중에 대다수의 독일교회가 히틀러의 유대인 600만 명 학살과 장애인 약 8만 명을 처형한 만행에 침묵한 바가 있다. 교회와 국가의 이분법

적 분리에 이용되었다.

3) 비폭력 저항 : 미국의 마틴 루터 킹 목사가 주장한 방법으로 삶의 문제에 대해 수동적 자세가 아닌 실천적이고 구체적인 대안이다. 즉, 물리적으로는 수동적이며, 영적으로는 강력하게 능동적인 '사랑의 원칙'에 서 있다. 1955년 12월 몽고메리 버스 승차 거부사건에서 사회변화를 추구하는 기독교적 인권투쟁운동의 방법으로 활용되었다.

3. 교회는 국가와 함께 존재한다. 교인은 교회의 구성원이면서 동시에 국가의 국민이기 때문이다. 만약 국가가 지향하고 추구하는 정책과 철학이 교회의 하나님 나라 구현과 일치한다면 양자가 협력하면서 하나님의 보편적 뜻과 궁극적 뜻을 같이 이루어 갈 수 있게 될 것이다. 그러나 하나님 나라의 가치에 반한 국가의 철학과 가치가 국가에 우선이라면 교회는 하나님의 뜻을 드러내고 하나님의 말씀에 순종하며 나아가 변혁하는 자리에 서야 할 것이다. 교회의 궁극적 목표는 하나님의 나라에 있기 때문이다. 국가와 교회가 건강한 관계와 협력과 긴장 속에서 각자의 역할을 잘 감당할 수 있도록 교회와 국가에 함께 속해 있는 구성원으로서의 사명과 책임감이 중요하다.

11과 | 교회와 문화

말씀 보기

1. 너희. 즉, 1절에 예수님 앞에 나아온 제자들이다. 이 명령은 오늘을 살고 있는 그리스도의 제자인 우리까지 포함된다.
2. 유대 지방의 소금은 바윗덩어리에 소금이 붙어 있는 암염(巖鹽) 형태이다.

예수님은 비에 씻겨서 소금기가 없어졌기에 보통 돌덩어리가 되어 버린 암염을 비유로 드셨다. 즉, 그리스도인이 신앙인답지 못한 행위를 한다면 소금기 없는 돌덩어리처럼 쓸모없게 되는 것을 비유하신 것이다.

3. 사람들 앞에서 행하는 그리스도인의 착한 행실이다. 믿음은 행함과 분리되지 않는다.

말씀 청종

1. 1) 기독교와 문화의 관계가 피차 배타적이고 이율배반적으로 나타난다.
   2) 기독교와 문화 사이의 근본적 일치를 인정하는 입장이다.
   3) 상호 간의 일치를 인정하면서도 그리스도의 불연속적인 위대한 비약을 주장한다. 복음이 문화를 초월한다는 입장을 전제하면서, 양자의 화해를 시도하는 입장이다.
   4) 문화와 복음의 관계를 양자 간에 서로 분리할 수 없는 긴장관계로 파악하는 입장이다. 문화에 내재해 있는 부패와 타락에 대하여 대립적인 입장을 취하면서도, 그리스도 안에 계시된 구속으로 종말의 때에 말미암아 나타나게 될 새 하늘과 새 땅을 강조한다.
   5) 역사의 종국에서야 나타나게 될 하나님의 통치가 역사 안에서의 수행으로 가능하게 되며 종말론적으로 미래는 곧 종말론적 현재가 된다.

   또한 각자가 생각하는 바람직한 모델을 정리하여 발표하도록 한다.

2. 모든 미디어 영역과 예술의 각 분야에서 기독교의 정체성과 하나님 나라의 빛이 드러날 수 있도록 조직적이면서도 보편적인 힘을 써야 할 것이다. 연합체나 기업체에서는 기독교적인 문화 형성을 위해 좋은 영상물과 문화 콘텐츠를 개발 보급하고, 기독교인들은 적극적인 관심과 참여와 소비를 감당해 주면서 기독교적 문화가 꽃을 피우고 열매 맺을 수 있도록 다면적이고 쌍방적인 노력을 해야 할 것이다. 또한 비기독교적인 문화와 이단적 문화에 대한 관심과 선도에도 적극적인 노력을 해야 하겠다.

3. 1) 기독교 문화유적 답사(참고도서 : 「한국기독교문화유적」, 「대한민국기독문화유산답사기」, 「한국기독교유적답사기」)
2) 교회 안에 음악팀, 미술팀, 연극팀, 행사기획팀, 문화관련팀을 조직하고 후원하기
3) 기독교 케이블 텔레비전, 라디오 방송, 어플 활용
4) 총회문화법인을 통한 컨설팅(www.pckculture.org)

12과 | 교회와 교회행정

말씀 보기

1. 능력 있는 사람들 곧 하나님을 두려워하며 진실하며 불의한 이익을 미워하는 자를 살펴서 백성 위에 세워 천부장과 백부장과 오십부장과 십부장을 삼아 백성을 재판하게 하라고 제안했다. 이것은 지도력의 분산, 권한의 위임을 의미한다.
2. 다수파인 히브리파 과부들이 구제를 독점했기에, 소수파인 헬라파 유대인들이 자기의 과부들이 매일 구제에 빠지므로 원망하게 된 사건이다. 그 결과 사도들은 기도하는 것과 말씀 전하는 것에 전력을 다하고, 대신 성령과 지혜가 충만하여 칭찬 받는 사람 7명을 안수하여 집사로 세워 구제하는 일을 맡아서 수고하게 했다.
3. 팀 사역의 중요성을 가르쳐 준다. 그리고 당회 중심에서 사역에 따라 위원회 중심으로 교회의 권한을 위임하여 의사결정이 빨라지고 전문적인 사역을 수행하게 하는 것도 좋을 것이다.

말씀 청종

1. 교회행정은 지도자의 업무가 과중할 때 사람을 세워 업무를 분담시켜 주는 것이다. 출애굽기 18장의 모세가 천부장, 백부장, 오십부장, 십부장을 세운 것이나 예수님이 제자들을 세 그룹으로 나누신 것, 그리고 사도행전 6장에서 사도들이 구제를 전담할 7명의 집사를 세운 것 등에서 이것을 볼 수 있다.
2. 과도한 상위 부서의 간섭, 불필요한 경쟁의식으로 인한 업무의 중복, 팀사역 정신 결여, 교회비전의 불명확한 제시로 인한 목표의 상실과 혼돈, 소수가 교회사역을 독점하는 것, 새신자와 젊은 세대에 대한 사역을 배려하지 못하는 것, 특정 당회원의 독주 등이 있다.
3. 먼저 교회행정에 대한 바른 인식이 있어야 한다. 사람을 세울 때 신앙과 인격을 겸비한 자로 그 기준을 삼아 지속적인 교제와 훈련을 통해 교회행정이 수행될 수 있도록 해야 한다. 각자의 상황과 달란트에 맞는 사역을 할 수 있도록 배치하고, 언제나 한마음으로 협력하려는 공동체성을 지향할 수 있도록 해야 한다. 가능하다면 지도력과 관리, 그리고 경영에 대한 전문적인 훈련과 토론을 함으로 적용 가능한 교회행정이 이루어지도록 해야 한다. 무엇보다 하나님 나라라는 가치와 목적을 기억하고 그 정체성을 담지한 행정이 될 수 있도록 지도해야 할 것이다.

05 역할론

13과 | 예배를 위한 역할과 책임

말씀 보기

1. 레위인 성가대(노래하는 레위 사람)와 나팔 부는 제사장들
2. 선하시도다 그의 자비하심이 영원히 있도다
3. 여호와의 영광

말씀 청종

1. 살아 계셔서 우리의 마음과 정성을 다해 드리는 예배를 흠향하시는 하나님께 예배를 드려야 한다. 또한 하나님 앞에 서 있다는 생각과 자세가 필요하다.
2. 각자가 은혜로운 예배를 경험했을 때의 상황들을 떠올려 보고 예배에 대한 준비를 어떻게 했는지와 성령께서 어떻게 도우셔서 은혜로운 예배가 되었는지 함께 이야기해 본다.
3. 예배에 나아갈 때의 복장, 마음가짐, 대표기도, 사회 등 전반적인 부분에서 교정되어야 할 관행들을 이야기해 보고 준비할 것들을 함께 이야기해 본다.

14과 | 교육을 위한 역할과 책임

말씀 보기

1. 부모들이 자녀들에게, 가정에서 하나님의 말씀을 가르치라고 하셨음.
2. 부지런한 태도
3. 집에 앉아 있을 때에든지, 길을 갈 때에든지, 누워 있을 때에든지, 일어날 때에든지…….

말씀 청종

1. 교사로서 혹은 후원자로서 감당하고 있는 부분을 서로 이야기해 보자.
2. 성경에 근거한 생활교육을 시키려는 교사의 자세를 갖고 있는지 구체적으로 이야기해 보자.
3. 도덕적 가치관, 바른 직업관, 민족 복음화를 위한 열망, 이웃을 향한 봉사의 자세를 갖는다.

15과 | 선교(전도)를 위한 역할과 책임

말씀 보기

1. 하늘과 땅의 모든 권세를 가지신 분
2. 가라, 제자 삼으라, 세례를 베풀라, 가르쳐 지키게 하라
3. 세상 끝날까지 우리와 항상 함께 있겠다.

말씀 청종

1. 각자가 경쟁심으로 하지 말고 자신의 정확하고 구체적인 전도 목적과 목표를 세워 보는 시간을 갖는다.
2. 각자의 전도 경험을 재미있게 구성하여 이야기해 보자. 또 이야기를 통해 전도에 대한 도전의 시간을 갖는다.
3. 맞춤전도나 관계중심 전도 등 다양한 전도의 방법을 이야기해 보고 항존직들과 함께 교회에 어울리는 전도행사를 기획하고 진행해 보자.

16과 | 친교를 위한 역할과 책임

말씀 보기

1. 하나님 아버지와 그의 아들 예수 그리스도와 더불어 누리는 것
2. 충만한 기쁨으로 가득함(교제의 즐거움).
3. 하나님과 사귐이 있다 하고 어둠에 행하는 것

말씀 청종

1. 자신의 생활 속에서, 인격 속에서, 언행 속에서 성도의 표상이 나타나는지 돌아보고 함께 이야기해 본다.
2. 그리스도인의 친교로서 중요한 점이 무엇이었는지 경험을 이야기하면서 찾아보게 한다. 그리스도인의 친교는 그리스도가 중심이 되는 공통점이 있어야 한다. 이것이 세상의 친교모임과 다른 점이다.
3. 각자의 계획과 실행방안을 구체적으로 이야기한다.

17과 | 봉사를 위한 역할과 책임

말씀 보기

1. 종말(만물의 마지막)
2. 봉사
3. 하나님의 말씀을 하는 것처럼 말하고, 하나님께서 공급하시는 힘으로 하는 것같이 봉사해야 한다.

말씀 청종

1. 어떠한 일이 나로부터 출발한다는 것은 개인이 그리스도를 만남으로 내면에서 이루어지는 자기 직면과 이해가 그 시작이 되어야 한다는 말이다. 또한 날마다 되어져 가는 자신의 모습을 겸손하게 돌아보고 삶 속에서 그리스도의 장성한 분량까지 자라도록 해야 할 것이다.
2. 봉사를 통해 느낀 점과 보람 등을 자연스럽게 이야기하게 한 뒤, 봉사의 기쁨과 도전을 함께 나눈다.
3. 예배에 충실하게 참여, 교회의 애경사에 관심과 참여, 기도 후원, 자신의 몸, 재능, 시간, 물질이 다른 사람들을 위해 사용될 수 있도록 내어 줌.

06

신앙생활론

18과 | 청지기생활

말씀 보기

1. 각 성에 장로들을 세우려고
2. 바른 교훈으로 권면하고 거슬러 말하는 자들을 책망하여 교회를 세우는 일을 감당한 사람들이다.
3. 성품적인 면에서는 책망할 것이 없고, 자기 고집대로 하지 않고, 급히 분내지 않고, 술을 즐기지 않고, 구타하지 않아야 한다. 생활적인 면에서는 더러운 이득을 탐하지 않고, 나그네를 대접하며, 선행을 좋아해야 한다. 영적인 면에서는 신중하며 의로우며 거룩하며 절제하며 미쁜 말씀의 가르침을 그대로 지키는 태도를 갖춰야 한다.

강의 듣기

2-1. 직장에서 일하는 시간, 사업으로 일하는 시간 등
2-2. TV 시청시간, 가족의 대화시간, 기도시간 등
2-3. 예배시간, 기도시간, 가족의 대화시간(아내, 자녀) 등
3-1. 자녀교육비, 주택자금 마련, 의료비 등

3-2. 애경사비, 노후대책비, 의료비 등
3-3. "내가 힘들어 벌은 돈이니 내 마음대로 사용해도 된다." 등

말씀 청종

1. 각자의 원칙을 이야기해 본다. 동시에 강의를 통해 새롭게 깨닫게 된 것들과 도전이 되는 것들도 함께 이야기해 본다.
2. 하나님께서 원하시고 기뻐하시는 방법대로 사용할 수 있는 구체적인 결단을 하고 함께 이야기해 본다.
3. 각자가 만 원을 어떻게 사용하였으며, 그 결과가 어떠했는지 이야기해 본다.

19과 | 신앙생활

말씀 보기

1. 얼굴의 광채가 사라지는 것을 보지 못하도록 하기 위해서였다. 이것은 하나님과의 영적인 교제의 상실을 감추려는 의도가 숨겨져 있다.
2. 무엇을 감춘다는 뜻이다.
3. 우리가 언제든지 주께로 돌아가기만 하면 거추장스러운 수건을 벗어던지고 성령께서 주시는 자유함을 얻을 수 있게 된다. 이 본문을 통해서 우리가 깨닫게 되는 사실은, 아무리 모세라 할지라도 하나님과의 진정한 교제를 상실할 때 영적인 권위가 사라지는 것과 마찬가지로 항존직들이 영성생활의 관리에 실패할 때 엉뚱한 수건으로 자신의 권위를 위장하려

고 하게 된다는 것이다. 수건은 우리를 부자유하게 한다. 하나님의 은혜가 있는 자리에서 성령충만한 직분자가 될 때 우리의 직분이 우리를 자유하게 만들어 준다.

말씀 청종

1. 하나님께서 맡겨 주신 직분을 하나님의 뜻에 따라 잘 감당하기 위해서
2. 자신의 부족한 점에 대해 자연스럽게 말할 수 있는 분위기를 유지하도록 한다.
3. 각자가 구체적인 보완책을 스스로 정할 수 있도록 도와준다.

20과 | 사회생활

말씀 보기

1. 다윗성 : 이름이 달라졌다는 것은 다윗으로 말미암아 이 성에 변화가 일어났음을 가리킨다.
2. 전염병 같은 자, 유대인을 다 소요하게 하는 자, 나사렛 이단의 우두머리
3. 이들의 공통점은 모두가 외부에 어떤 영향력을 미치고 있다는 점이다. 이 장에서는 세상에 영향을 미치는 그리스도인의 삶에 대해 주안점을 둔다.

말씀 청종

1. 미래를 긍정적인 시각으로 바라보는 삶, 언제나 하나님 앞에 서 있다는 의식과 믿음의 삶, 포용력 있는 삶이 되어야 한다.
2. 요셉이 가는 곳마다 자신의 삶을 통해 사람들에게 영향력을 행사했음을 생각해 보자. 그리스도인은 세상에 충격을 주고, 세상을 변화시키기 위해 하나님의 부르심을 받은 존재들이다. 항존직으로서 우리는 이 세상에 좋은 영적인 영향력을 행사하는 자가 되어야 한다.
3. 자신에게 주어진 은사를 고려하여 이야기하도록 한다.

21과 | 직업생활

말씀 보기

1. 왕의 음식과 포도주는 이방신 앞에 바쳐진 제물이었으므로 여호와 하나님만을 섬기라는 계명에 어긋나는 것이었기에
2. 자신들은 채식과 물만 먹고 열흘 후에 다른 사람들과 비교해 보자고 제안했다.
3. 왕의 음식을 먹은 소년들보다 그들의 얼굴이 더욱 아름답고 살이 윤택했기 때문이다. 또한 지혜와 총명이 온 나라 박수와 술객보다 탁월했기 때문이다.

말씀 청종

1. 직업은 하나님께서 주신 은사이다. 따라서 일하는 삶을 통해 하나님 나

라의 확장에 내 자신이 쓰여질 수 있어야 하며 하나님께서는 기쁘게 일하는 삶을 통해 영광을 받으신다.

2. 직업을 세속적 기준에 따라 판단하고 있는 것은 아닌지 생각해 보고 성경적 관점에서 내가 하는 일을 다시 한번 점검해 보게 한다.
3. 직장에서 관계가 소원하거나 힘든 사람이 왜 생기게 되었는지 이야기해 보게 하고 그에게 선한 대접을 할 수 있도록 작정하게 한다. 또한 하나님의 선한 뜻을 드러낼 수 있는 작은 실천 목록을 기록해 보고 실천할 수 있도록 도전한다.

22과 | 가정생활

말씀 보기

1. 둘이 연합하여 한 몸을 이루는 것이 가정의 목적이다. 여기서 하나가 되는 것이 무엇을 의미하는지에 대해서 깊이 생각해 보아야 한다. 이것은 지속적인 과정을 의미한다. 다시 말해서, 하나가 되기 위해서는 끊임없는 노력이 필요하다는 말이다.
2. 남편에게 복종하기를 주께 하듯 하라. 이것은 내 마음에 맞을 때만 복종하는 것이 아니라 언제든 복종하라는 뜻이다.
3. 아내 사랑하기를 그리스도께서 교회를 사랑하시고 그 교회를 위하여 자신을 주심 같이 하라. 이것 역시 아내가 내 마음에 들지 않을 때에도 사랑하라는 뜻이다.

말씀 청종

1. 연합하도록 하기 위해서, 하나 됨의 신비를 깨닫게 하기 위해서
2. 각자 진솔한 대화를 나누게 한다. 인도자는 대화의 흐름이 배우자에 대한 비난이나 성토로 이어지지 않도록 유의한다. 자기 성찰과 감사의 마음을 갖도록 유도한다.
3. 변화하기를 원하는 부분이 무엇인지 이야기해 보고 변화를 위한 구체적인 방안도 함께 작정해 보게 한다. 이렇게 작정한 것들을 편지에 쓰게 하고 추후 결과에 대해서도 함께 나누는 시간을 갖는다.

피택항존직 교육교재

충성된 일꾼들

초 판 발 행 2000년 1월 15일
개정증보12쇄 2025년 6월 15일
편 집 인 대한예수교장로회총회교육훈련처
총무 전호영
주 소 03128 / 서울 종로구 대학로3길 29(연지동, 총회창립100주년기념관 7층)
전 화 (02)741 - 4356 / FAX. 741 - 3477
홈페이지 www.edupck.net

펴 낸 이 강 성 훈
펴 낸 곳 한국장로교출판사
주 소 03128 / 서울 종로구 대학로3길 29, 신관 4층(연지동, 총회창립100주년기념관)
전 화 (02) 741 - 4381 / FAX. 741 - 7886
영 업 국 (031) 944 - 4340 / FAX. 944 - 2623
홈페이지 www.pckbook.co.kr

등 록 No.1 - 84(1951. 8. 3.)
I S B N 978 - 89 - 398 - 4120 - 8

값 9,000원